序 言

人生乐在相知心

王安石是北宋著名政治家、思想家和文学家，"唐宋八大家"之一，列宁还曾称他为"中国十一世纪时的改革家"。在众多史学家、学者眼中，王安石除了上述身份外，还是少有的"奇人"。

王安石之奇，在于他是我国封建时代诸多变法人物中能全身而退的人，又是历代文豪中影响国家命运较大的人。王安石的闻名于世，一定程度上在于其不同凡俗的政治作为。他以坚定的"矫世变俗之志"，为清除时弊、巩固北宋政权而大力推行新法；以极大的胆略和魄力，大刀阔斧地实行改革，表现出大无畏的精神。他的改革措施和成就遭到时人的不理解，而他在文学上的创新和成就却受到当时和后世一些人的好评。

文学作品是对现实生活的反映，是现实真实与经验真实的复合体。王安石的文学成就与他的从政生涯密不可分。

王安石出生在一个官吏家庭。他少时好读书，博闻强识，受到良好的教育。再加上自小随父宦游南北各地，增加了社会阅历，开阔了眼界。他目睹了人民生活的艰辛，对宋朝"积贫""积弱"的局面有着切身的体会，在青年时期便立下"矫世变俗"之志。

仁宗庆历二年（1042年），王安石登杨寘榜进士第四名，先后任淮南判官、鄞县知县、舒州通判、常州知州、提点江东刑狱等地方官吏。长期任职地方使他积累了丰富的政务经验，同时也让他近距离观察到北宋王朝政治积弊、人民困苦的状况。仁宗嘉祐三年（1058年）冬，王安石改任三司度支判官。次年春，他到达京城开封，向宋仁宗上万言书献策。然而，宋仁宗一朝支持改革的重臣，如范仲淹、富弼、欧阳修等，均未将改革贯彻落实。王安石人微言轻，他的变革主张自然不会引起朝廷重视。不久，王安石改任知制诰，替皇帝起草诏令文告，纠察在京刑狱。但是，在任期间，他因言忤旨意，难以在朝为官，于仁宗嘉祐八年（1063年）以母病逝为由辞官回江宁守制。宋英宗即位后，屡召王安石赴京任职，他均以服母丧和体弱多病为由，婉拒入朝。

王安石的前半生主要在地方为官。这一时期，他"不平则鸣"，关注社会现实，反映下层百姓的痛苦，倾向性十分鲜明，诗文风格直白深刻。《感事》《兼并》《省兵》等诗，从政治、经济、军事等方面描写和揭示国势积弱和内政腐败，以及大地主、大商人兼并土地对于国家和百姓的危害，提出"精兵择将"的建议；《收盐》《河北民》《发廪》《赠张康》等诗，反映百姓备受统治者迫害压榨的悲惨遭遇；《试院中》《详定试卷》等诗，直接抨击以诗、赋取士的不合理、不重实用的科举制度；《明妃曲二首》《桂枝香·金陵怀古》

等诗词，咏史怀古，借古喻今。他的诗作"学杜得其瘦硬"，善于以典喻理，其诗多见风格遒劲有力，警辟精绝亦不乏情韵深婉之作。

英宗治平四年（1067年），宋神宗即位，诏王安石知江宁府，旋召为翰林学士。这是王安石仕途的一个拐点。一心想推行新政的宋神宗召王安石"越次入对"，王安石即上书言变法之事。神宗熙宁二年（1069年），王安石晋任同中书门下平章事，位同宰相，开始主持变法。

王安石所行新法在财政方面有"均输法""青苗法""市易法""免役法""方田均税法""农田水利法"，在军事方面有"置将法""保甲法""保马法"等。但因改革派缺乏实践经验，实施过程中操之过急，新政遭到朝中守旧派的激烈反对，王安石于神宗熙宁七年（1074年）被罢相。一年后，被宋神宗再度起用，王安石官复原职，再度主持变法。

在两度拜相期间，王安石的诗作将他的抱负、变法的信心和决心充分表现出来，也将他的人生观以及真性情展现出来。《元日》《歌元丰五首》《出金陵》是他对变法前景的期许；《钓者》抒发了对皇帝的知遇之情；《商鞅》《贾生》通过评价历史人物的功过得失，表明将变法进行到底的决心；《入塞》《详定试卷》强调了军事、人才选拔改革势在必行；《孟子》道明了他作为主要改革者的孤独；《泊船瓜洲》展现了他再度拜相时对变法前景的担忧；《梅花》借颂梅花以喻自己在艰难环境中坚持操守的品性；《孤桐》《众人》阐明变法坚定不移的意志，展现改革家的胆略。

神宗熙宁九年（1076年）十月，王安石再次罢相，出任江南签判，次年隐退江宁。他在江宁城外白塘购置田产，筑半山园安度晚年，纵情于山水之间。生活环境的改变也使他的诗风为之大变。在《两山间》《春日晚行》《北陂杏花》《后元丰行》《示元度》《江上》《北山》《菩萨蛮·数家茅屋闲临水》《浣溪沙·百亩中庭半是苔》等诗词中，他往往摄取真实的人物、场景作为意象，采用写实手法表现诗歌意境。这些诗作状景真切，语言凝炼圆熟，意境幽邃深婉。

　　本书描述了王安石宦海沉浮的传奇而曲折的经历，他的整个生命和全部精力都献给了他的事业——改革以及与守旧派做斗争。他的诗文与社会、政治和人生的实际问题联系紧密。因此，要把他的诗词文章放回当时的社会背景下进行鉴赏、品评，能更深刻地理解王安石诗词的基调、主旨及丰富的内涵，自能体会他含蓄深沉、深婉不迫，以丰神远韵的风格在当时诗坛上自成一家的才情。

目录

第一章

少年壮志，苦读诗书求真知

王安石少年聪颖，在和谐的家庭氛围、幽静的自然环境与难得的良师益友等诸多因素影响下，学业不断进益，并确立了高远的人生目标。刚过二十岁，他便高中进士，迈入仕途。他的人生帷幕被缓缓拉开。

少壮自负恃

北宋真宗天禧五年（1021 年）十一月十二日，江西抚州临江军（今江西省樟树市临江镇）判官王益之续弦吴氏即将临盆。她躺在床上，望着窗外，听得北风呼啸，看着雪花漫天翻旋，似乎连草木都发出近乎哀鸣的呼喊，心里有一种莫名的不安。忽然，她看见窗前掠过一个好似獾的身影。她大叫一声，随即肚子开始阵痛，折腾了三炷香的时间，直到天黑，才产下一个男婴。

婴儿清脆的啼哭声给王家带来了欢乐，而吴氏在高兴之余又暗自疑惑。看着胖乎乎、稍稍显黑的儿子，她不明白为何恰逢那时獾会意外出现在窗前。她觉得儿子的降生是老天的特意安排，便给儿子取了个乳名——"獾郎"。这个名字叫开后，左邻右舍都以为给孩子取个"贱名"好养活，并未在意。几十年后，这个孩子名震朝野。

王益当然知道妻子给孩子取名的含义，但他不以为然。乳名嘛，叫得顺口即可。可大名和字必须取得好，读书人家尤其讲究。他与前妻已育有两子，对他而言给孩子取名是小菜一碟，可信手拈来，且含义不俗。可在给这第三个孩子取名时，他却思考许久也未能想出个满意的名字。一天晚上，王益又想起给儿子取名之事，想着想着就迷迷糊糊地睡着了。他梦见自己正和东晋名士谢安一同谈诗论赋，提到《世说新语·排调》中"安石不肯出，将如苍生何"的名句。就在此时，王益猛然惊醒，激动地搓着手来回走，决定给儿子取名安石，字介甫。王益对这个儿子十分钟爱，盼他日后能成就大业。

王氏家族虽为官宦世家，但并非豪门。王安石的先祖居于山西太原，据《上池王氏族谱》载："吾族自周灵王子晋出居太原，得姓王氏，历代转迁，不可胜记。宋初，自府治徙于临川上池明珠峰西，其世址也。面挹则荆公山，肘外则司空坂，西远二里许则陈贾二夫人舍产，东远二里许则学士公墓，所纪于家集镌于邑志，班班可考。"临川城东以溪为护城河，有水门，人们常在此地卸盐，故名盐步门。城门往前向东南有大街，市面繁华，名河头市。城东南为高丘，名盐步岭，是全城最高的地方，王氏故宅即在盐步岭之上。

王安石祖辈能够追溯到的名士有他的叔祖和祖父。叔祖王贯之于真宗咸平三年（1000 年）登进士第，历任汉州军事推官，大理寺丞，大名知县，忻州、真定府通判，保州、深州、齐州知府，提点淮南刑狱及滁州、兴元府知府等。在任时，他勤勉政务，劝农桑，修水利，为宽民，颇有政绩，数次受到皇上嘉奖，官至尚书主客郎中。王安石的祖父王用之当过卫尉寺丞（从六品上）。

王安石的父辈一代，多在江南一带做地方官。其父王益，于真宗大中祥符八年（1015 年）中进士，年轻时其文藻为地方官张公咏所赏识。初为建安主簿，三年后迁临江军判官，其任内吏治严明，敢于打击地方豪强；关心民间疾苦，自律严而待人宽，注重礼义道德教育。因政绩甚好，再迁新淦知县，届满后改大理寺丞，又移庐江知县。王益虽生长在江南西路的临川县，但在临川县内却"无田园以托一日之命"。他在各地做官数十年，过着四海为家的生活，辗转于北宋多个州府。

王益并不热衷于功名利禄，时常流露出对功成身退的期许之情。

灵谷

灵谷神仙宅，言归肆目新。
山光远如画，秋色老于人。
世俗棋争劫，人心海变尘。
功成思范蠡，湖上一闲身。

王益为官"一以恩信治之，尝历岁不笞一人"，处理刑狱时也极少用刑，对犯小错之人多是动之以情、晓之以理。为此，治内百姓多对他感恩戴德。

王益忠于职守、为政勤勉，亦未放松对孩子们的教育。空闲时，他还会加入到孩子们的游戏中，一副和蔼可亲的慈父形象。与大哥王安仁、二哥王安道相比，王安石似乎并不太喜欢游戏，而是更爱看书。他聪明伶俐，爱动脑筋，且相当自负，邻居们都夸他心善又聪明。王益听了，自然喜上眉梢，但他还是想测试一下这个看上去其貌不扬、少言寡言的儿子到底有多聪明。在王安石七岁时的一个秋天，王益穿着单衣坐在屋里，把王安石叫到跟前，说："介甫啊，大家都说你聪明，我不信。此刻我坐在屋里，若你能说动我站到屋外去淋雨，才算你真聪明。"王安石知道父亲在考验自己，笑了笑，说："爹，落雨天自然是坐在屋里好，况且您穿着如此单薄，我怎么忍心叫您站到院子里淋雨呢？"王益说："那你不算真聪明。"王安石接着说："爹，您站到院子里，我再把您请回屋里，那样才能证明我既孝顺又聪明。"王益连声说"不信",就走到院子里去了。

王安石站在屋里,若无其事,闲暇以待,久不喊爹进屋。王益在外挨雨淋,许久也不见儿子说话,忙催问:"为何还不开始?"王安石说:"爹,这不是说动您站到院子里淋雨了吗?"王益这才恍然大悟,笑着说:"还说自己孝顺呢,让老子淋了这么久的雨。不过,你小子还真有两下子。"王安石说:"让爹淋雨是儿子的错。快回屋里,受凉会生病的。"王益立即走进屋。王安石又说:"爹,如今又把您请到屋里了。"说着,狡黠地笑了。

王安石少时自负,长大后渐渐变得谦虚。后来,他在回忆其父时说:"先人之存,某尚少,不得备闻为政之迹。然尝侍左右,尚能记诵教诲之馀。盖先君所存,尝欲大润泽于天下,一物枯槁以为身羞。"

王益在任新淦和庐江知县期间并未随携家眷,故王安石幼时的品性养成受母亲吴氏影响更多一些。吴氏是抚州金溪(今江西省抚州市金溪县)人,出身于书香世家,自小便接受良好的教育,"好学强记,老而不倦,其取舍是非,常有人所不及之处,平生事舅姑甚孝。"王安石之兄王安仁、王安道并非吴氏所生,她却视如己出,待其母之族如己族。平日里,她悯农济贫,分人衣食,毫不吝啬。吴氏不仅贤惠,而且饱读诗书。她用心哺育品性纯良的孩子们,不仅教他们为人处事之道,还教他们背诵魏晋和唐朝名士的诗文。

王安石时常随母亲去看望外公吴畋与外婆黄氏。吴氏家族成员大多居于金溪归德乡枫冈,离临川县城约三十里。这个家族不仅是枫冈的富家名门,而且在临川、金溪一带也算得上望族。枫冈是一个美丽的地方,附近的乌石冈上有不少木兰花。王安石每到外公家都要上乌石冈玩,那里有他快乐的少年时光。正因如此,他一生都对枫冈和乌石冈记忆深刻。后来,他随父离开临川。再后来,他做官，不能常去柘冈，便作了许多歌咏柘冈的诗。

乌石

乌石冈边缭绕山，柴荆细径水云间。

吹花嚼蕊长来往，祇有春风似我闲。

王安石年轻时写到柘冈，心情是十分舒畅的，虽然他后来作《柘冈》一诗时有不同的心境，但对木兰花的情感却一如既往。

柘冈

万事纷纷只偶然，老来容易得新年。

柘冈西路花如雪，回首春风最可怜。

木兰花开时满树洁白，毫无杂色，令人陡生敬意。诗中的"花如雪"便是称赞这冰清玉洁的木兰花了。不仅如此，他写乌石冈和木兰花的诗有好几首，诸如《乌塘》《寄吴成之》《寄黄吉甫》等都写到辛夷树，辛夷树即木兰。

乌塘

乌塘渺渺绿平堤，堤上行人各有携。

试问春风何处好，辛夷如雪柘冈西。

寄吴成之

绿发溪山笑语中，岂知翻手两成翁。

辛夷屋角抟香雪，踯躅冈头挽醉红。

想见旧山茅径在，追随今日版舆空。

渭阳车马嗟何及，荣禄方当与子同。

寄黄吉甫

朱颜去似朔风惊，白发多于野草生。

挟策读书空有得，求田问舍转无成。

解鞍乌石冈边坐，携手辛夷树下行。

今日追思真乐事，黄尘深处走鸡鸣。

据《金溪县志》记载："柘冈在十七都，县西六十里。高二里，周迥五里，形势回伏，幽偏可怡。每春月，辛夷盛开。上有王安石读书堂，外家吴氏居其下……"可知，此处还有王安石童年读书之所。

书堂

乌石冈头上冢归，柘冈西畔下书帷。

辛夷花发白如雪，万国春风庆历时。

在柘冈，王安石还结识了不少友人，曾巩、曾布兄弟二人便是他的好友。他后来娶的妻子吴琼亦为柘冈人。柘冈给了他无尽的温情与关爱，他将这些情感融入笔端，化作诗句，流传千古。

除了柘冈、乌石冈，更让王安石怀念的是吴氏家族那些关心、照顾过他的亲友。

送黄吉父将赴南康官归金溪三首·其一

柘冈西路白云深，想子东归得重寻。

亦见旧时红踯躅，为言春至每伤心。

过外弟饮

一自君家把酒杯，六年波浪与尘埃。

不知乌石冈边路，至老相寻得几回？

王安石的这两首诗写于晚年，诗中显现的心境更为凄凉。但在这些诗作里，依然蕴含着他对栝冈和乌石冈的深情。在他心里，这里始终是一个温馨的家。

王安石年幼时虽自负、固执、恃才傲物，但也很有爱心，"其天性孝友之纯笃，固盎然溢于楮墨间"。

仁宗天圣五年（1027 年）秋，王益改任四川新繁知县，因离老家太远，只得携家眷赴任。王安石离开临川，随父入川。到了该上学的年龄，王安石被送到宜黄鹿岗芗林书院（待考）读书。在杜子野的指导下，他夜以继日，勤奋苦读。

有一日，王安石翻阅五代时期著名政治家、文学家王仁裕的《开元天宝遗事》得知，李白曾梦见自己所用的笔头上长出一朵美丽的花，在此之后，变得才思横溢，名闻天下。于是，他拿着书问杜子野："请教夫子，人世间难道真有生花妙笔吗？"

杜子野看了王安石一眼，正色道："当然有！确切地说，有的笔头上会长花，有的不长，只是我们的肉眼难以分辨罢了。"

王安石见杜先生的神情如此严肃，再问："夫子能否给我一支生花笔？"

"当然能！"杜子野拿出一大捆新毛笔，对王安石说，"这里有九百九十九支毛笔，其中只有一支是生花笔，究竟是哪一支，连我也分辨不清楚，还是你自己寻找吧！"

王安石躬身俯首行了一个礼，说道："学生眼力浅拙，请夫子指教。"

杜子野见王安石诚心求问，便沉思片刻，启发道："用每支笔去写文章作诗赋，写秃一支再换一支，持之以恒，定能从中寻得生花笔。除此，别无他法。"

王安石略有所思，下决心遵照杜子野的教导，每日苦读诗书，勤练文章，足足写秃了五百支毛笔。可写出来的文章仍是平平无奇，仍未找到那支神奇的生花之笔。他有些泄气，于是又去问杜子野："夫子，我已经按您的指点写秃了五百支毛笔，怎么仍未找到那支生花妙笔呢？"

杜子野沉默不语，只是饱蘸墨汁，挥笔写下"锲而不舍"四个大字送给他。

由此，王安石终于领悟勤学不辍的道理。离开书院后，他用先生送的毛笔练字、作文、写诗，将九百九十八支毛笔都写秃了。一天深夜，他提起第九百九十九支毛笔，准备写一篇《策论》。突然，他觉得文思潮涌、行笔如云，不多时，一篇颇有见地的《策论》写成了。他高兴得跳了起来，情不自禁地喊道："找到了！我找到生花笔了！"

后来，王安石无论是做官还是赋闲在家，都坚持看书学习，不曾有丝毫懈怠。他的诗文"议论高奇，能以辨博济其说"。据说，他经常在众多反对者面前，旁征博引，雄辩滔滔，自圆其说而令对方哑口无言。这一切都因王安石在青少年时期就具备了卓尔不群的气质和"欲与稷契遐相希"的志向。

然而，对于王安石青少年时期的生活，官方正史的记载语焉不详，后世人只能根据他的一些诗词和文章去探寻他早年的人生轨迹。

欲与稷契遐相希

　　仁宗天圣八年（1030 年），王益由新繁知县晋迁殿中丞、韶州知州，王安石随父前往韶州。韶州属于广南东路，境内的山峰奇秀挺拔，江水清澈如泉泻，曹溪宝林寺也是闻名遐迩。这里人杰地灵，著名的禅宗六祖惠能高僧就曾在此弘法。在这里，王安石继续接受教育。读书之余，他去观览宝林寺，并对佛教故事产生了兴趣，尤其爱听惠能拜五祖弘忍为师的那一段。孩童的好奇心使他对那些在他看来颇为奇特的佛教奥理和偈语产生种种疑惑，他不得不去请教父亲。王益在竭力为儿子解惑之后，往往生发退隐之意。

　　王安石虽在韶州生活不到三年，但此地给他留下许多美好记忆。

贵州虞部使君访及道旧窃有感恻因成小诗

　　韶山秀拔江清写，气象还能出缙绅。

　　当我垂髫初识字，看君挥翰独惊人。

　　邮签忽报旌麾入，斋阁遥瞻组绶新。

握手更谁知往事，同时诸彦略成尘。

与儿子的感受完全不同的是，王益在知韶州期间，所见的岭南许多地方治安较糟糕。这里经济不发达，文化教育落后，民俗也多有不良。不过，他仍然为政勤勉、公正处事，曾以巧妙的办法平息了一次"蜀效忠士屯者五百人"的谋叛。在这段任期内，他"完营驿仓库，建坊道，随所施设有条理"。他既以才能治之有余，又广施教化，遂保全州平安无事。

同时，王益还强烈地感觉到生活压力越来越大。在他任新繁知县的第一年，即仁宗天圣五年，王安石的弟弟王安国降生。此后数年里，弟弟王安世、王安礼、王安上和三个妹妹相继出世。频繁迁居，令家境本就不太殷实的王家捉襟见肘。现今又不断添丁，家大口阔，生活更加窘迫，时有衣食之忧。王安石后来在《上相府书》中写道："内外数十口，无田园以托一日之命，而取食不腆之禄，以至于今不能也。"

但正因孩子多，家里更热闹些。兄弟姐妹在一起玩耍，相处和睦，无拘无束，也还惬意。王益教子的最大特点就是满足孩子兴趣。他很会营造教育孩子的氛围，"每置酒从容为陈孝悌仁义之本，古今存亡治乱之所以然"，将教育和引导孩子同家庭聚会无缝对接；任由孩子读喜爱的书，从不加以干涉。故而，王安石读书读得又多又杂，对儒释道的典籍均有涉猎。除四书五经外，他还爱读《山海经》《庄子》《老子》《墨子》《史记》《文心雕龙》等文学经典，以及《心经》《楞伽经》等佛家经典。他曾在《答曾子固书》中做过简要概括："自百家诸子之书，至于《难经》《素问》《本草》诸小说，无所不读；农夫女工，无所不问。"

在随家辗转的过程中，王安石不敢忘记杜子野的教诲，从未间断学习。各地的新奇见闻从未使年少好奇的王安石感到颠沛流离之苦闷，反而提起他对一些奇闻逸事的兴趣。在韶州，王安石听闻金溪县出了个"神童"叫方仲永，年仅五岁的方仲永无师自通，提笔便能写诗。

据说，方仲永家境十分贫寒，他在五岁前并不认识笔墨纸砚。有一日，他却哭闹着向父亲要纸跟笔，父亲经不住儿子纠缠，只得去一个秀才家求借。方仲永一见，眉开眼笑，接过纸笔，便摇头晃脑、神气十足地写出四句诗来。

> 父母恩如山，百事孝为先。
> 比邻相和睦，犹如月团圆。

在诗的下方，方仲永还题上了自己的名字。这首诗虽语言浅显，但表达清晰：孝顺父母天经地义，邻居之间要和睦相处。不久，方仲永"神童"的名声在全县传开了。

王安石的外公、外婆和几个舅舅都居住于金溪县。他之前去那里玩也未曾听家人说起过此事。方仲永与他年纪相仿，此次听说后，他甚是想去亲眼见识一下这位小神童的作诗表演，可因身处外地，只能等待时日。

仁宗明道二年（1033 年），王安石的祖父病逝，他随父回乡丁忧。到家没几天，王安石便跟随父亲来到金溪舅舅家。舅舅为了满足外甥王安石的心愿，就把"神童"请了过来，王安石终于见到传闻中的方仲永。此时，他们二人都不到十三岁。王安石聪颖过人，又力学不倦，一向自信，更爱争强斗胜，见面后免不了要比试比试。

恰巧，王安石看见有个家丁在劈柴，便吟道："钝斧劈柴，三杈四桠，柴开节不开。"方仲永不甘落后，瞥见一个厨娘正在切藕，便随口念出："快刀切藕，七孔八窍，藕断丝相连。"一个从未入学读过书的孩童竟有这般灵气，令王安石和他的父亲、舅舅深感诧异。之后，二人一来一往，又对了不少句子，几乎不分伯仲。

晚饭后，王安石见桌上放着一盏青油灯，灵机一动，又出了个谜联："白蛇过江，头戴一顶红日。"方仲永听了，举目四望，见壁上挂着一杆秤，立刻回应道："青龙挂壁，身披万点金星。"话音刚落，王安石禁不住连连称赞："神童！神童！果真名不虚传！"从此，二人惺惺相惜，成了好友。分别时，王安石和方仲永依依不舍。

谁曾想，十年后，也就是王安石考取状元回家后，再见方仲永与他谈论诗文时，方仲永显得有些迟钝，半天才想出几句，且极为平常，远称不上什么文采。又过三年，王安石到广陵做官，叫人去请方仲永，他竟躲着不愿相见。王安石不解，打听原因，才得知自方仲永"神童"的名声传出去后，人们纷纷请他去做客，在他回家时还赠送银两。有的人还花银两索求他作的诗，他父亲觉得有利可图，就成天带着他四处拜访县内的文人学士和亲戚朋友，不让他读书，最终将他给耽误了。

方仲永很快便江郎才尽，沦为平庸之人。他整日闷闷不乐，唉声叹气，渐渐积忧成疾，早早离世了。王安石从广陵回到临川，听家人说起方仲永落得这样一个悲惨结局，十分感伤，挥笔写下《伤仲永》一文。他将方仲永的遭遇作为一个反面例子，告诫读书人：天分高只是一个人学习的有利条件，若不勤加练习，持续进步，"神童"也终将沦为平庸之人。他也以此警醒自己，唯有持之以恒刻苦攻读，才能不断收获新知。及至成年后蜚声华夏，被天下倾心，他依然读书不辍，成为读书人的楷模。

这段时间，王安石对诸子百家之书无所不读，在儒家经典方面尤为用心。他喜欢结交友人，常常与同道中人互相切磋，相互学习。恰巧，他的好友曾巩邀他一同去龙甲书院读书。他与父亲商议后，觉得这是个不错的建议。于是，他告别家人，前往龙甲书院求学。

龙甲书院建于抚州临川与金溪交界处的灵谷峰上，由一位老儒创办。他利用这里山清水秀、环境幽静的良好条件，设馆授徒，王安石的父亲就曾在此读过书。这座书院以得天独厚的优势闻名遐迩。

书院的老夫子学问渊博，通晓古今，教授又得法，王安石简直如鱼得水，常常不分昼夜发奋苦读，还勤练写作和书法，他把学习作为一种兴趣，一种习惯。而且他从不死记硬背，每每读经典时都有自己的见解，若有疑问，不会含糊过去，而会反复思考，直至有所得。这种读书的深度和广度，直接培养了王安石开阔的学术视野和高远的政治眼光。他还经常与曾巩等好友一同研习讨论，因此学业进步飞快，为以后建功立业奠定了坚实的基础。据《宋史》记载："安石少好读书，一过目终生不忘，其属文动笔如飞。初若不经意，既成，见者皆服其精妙。"

除潜心学习和练习书法之外，王安石还常与友人一同作诗唱和，当时的他迸发出极大的创作热情。虽然那时的诗作大多显得青涩，内容也较为单一，多是吟风弄月之作，但却是王安石青少年时代最为重要的精神寄托。只可惜，他青少年时期的诗作极少传于后世。

仁宗景祐三年（1036 年），王益在丁忧结束后转迁太常博士、尚书屯田员外郎，实授江宁府通判。王安石时年十五岁，随父去了京城开封。他看到许多在别处难以看到的奇事，听到许多穷乡僻壤难以听到的逸闻。是时，北宋南方有"蛮獠"犯边，西北有赵元昊叛宋。消息传来，朝野震动。王安石从京城回到临川家中，内心一直难以平静，情动于衷，作了《闲居遣兴》一诗。

闲居遣兴

惨惨秋阴绿树昏，荒城高处闭柴门。

愁消日月忘身世，静对溪山忆酒樽。

南去干戈何日解，东来驷骑此时奔。

谁将天下安危事，一把诗书子细论。

这首《闲居遣兴》是现存的王安石最早的诗作。诗中描写秋阳惨淡，绿树昏闷，他身居盐步岭上，柴门紧闭，但因边事不断而愁眉不展，甚至想要去抵御南面的干戈和东来的骁骑。此时，他的所思所想已不再是以诗赋博取高官厚禄，而是以天下安危和百姓生计为己任。

次年春，王益前往江宁（今江苏省南京市）任州府通判一职，又携家人同往任所。即便在去江宁途中，王安石也不忘周览各地人情，体察各阶层民众的生存状况。所谓读万卷书，行万里路，在青少年时期游历名山大川，对王安石开阔眼界和形成注重实际的思维方式起了相当重要的作用。仁宗景祐四年（1037 年），王益一家定居江宁。

在这座古都，王安石浏览了许多名胜古迹，学问和见识长进飞快。江宁是一座十分吸引人的城市。这里有潺潺绿水、绵绵青山、庄严的龙光古寺及风景宜人的玄武湖，更有浩浩汤汤、滚滚东流的长江水。这一切都使王安石流连忘返。他认识到，时光是永远驰向前方的，人在少壮时如不选择一条正确的人生道路并为之奋斗，则终将一事无成。从此，王安石与两位长兄入学为诸生，勤奋刻苦，力学不倦。他立志钻研学术，并向为人类做出较大贡献的稷和契看齐，也清楚地意识到自己已不再是一个孩子了。如今，父亲不再将他视为稚子幼童，而是对他有更高的期望，望他能早日参加考试，尽快走上仕途。

同时，早年的播迁生活使王安石较为广泛地接触到那时社会的状况和人民的苦难，产生了"心哀此黔首"的情感。他对自己的所见所闻念念不忘，感触甚深，作了《感事》一诗。

感事

贱子昔在野，心哀此黔首。丰年不饱食，水旱尚何有。

虽无剽盗起，万一且不久。特愁吏之为，十室灾八九。

原田败粟麦，欲诉嗟无赇。间关幸见省，笞扑随其后。

况是交冬春，老弱就僵仆。州家闭仓庾，县吏鞭租负。

乡邻铢两征，坐逮空南亩。取赇官一毫，奸桀已云富。

彼昏方怡然，自谓民父母。揭来佐荒郡，懍懍常惭疚。

昔之心所哀，今也执其咎。乘田圣所勉，况乃余之陋。

内讼敢不勤，同忧在僚友。

感事，即内心因所经历之事而有所感触，因事兴感。对于少年的经历以及在京师的所见所闻，王安石都铭记于心。十七八岁时，他就已清楚自己应树立怎样的人生目标和志向。

然而，天有不测风云，人有旦夕祸福。由于政事的纷扰、家庭的压力，王益病倒了。他是全家的支柱，家人无不忧心如焚，到处求医买药，但他的病仍不见好转。王益在弥留之际，将王安石兄弟几人叫到身边，望着这些尚未成年的孩子们，吃力地嘱咐他们："你们一定要牢记我以前常对你们说的话，以圣贤之心为心，以天下之事为事，以仁义孝悌为本，以治国济世为志。为父对不起你们，没有尽到为人父之责。望今后你们能相互扶携，照顾好你们的母亲，好好生活下去。"仁宗宝元二年（1039 年）二月二十三日，王益卒于江宁通判任上，年仅四十六岁。

王益的去世，对王安石的精神打击是可想而知的。王安石与诸兄弟葬父于江南牛首山，并准备按丁忧守制，奉母兄在江宁居丧三年。由此，江宁成为王安石的第二故乡。

少时操笔坐中庭

　　父亲去世后，王安石本打算放弃学业，在家帮助母亲照顾年幼的弟弟妹妹们。可两位兄长主动承担起家里的大小事务，给他足够多的时间读书。王安石很是感动，读书更加刻苦。但他知道两位兄长的身体状况较差，且都到了婚娶年龄，一旦独立成家，便不能像如今这般照顾弟弟妹妹们了，照顾一家老小的重担迟早由他挑起。因此，他有一个迫切愿望，就是尽快考取功名，靠薪俸养家糊口。

　　王安石早就立下建功立业的鸿鹄之志，而实现这个志向的唯一途径就是参加科举考试。无论是为承担家庭责任，还是为实现理想抱负，他都必须科考及第。王安石承受着巨大的压力，不敢有丝毫懈怠，他将自己的命运与这个家庭牢牢绑在一起。

　　服丧期间，年过二十的王安石得以进入太学。太学是北宋最高学府，在那里，王安石开始接触以往在家塾和书院都未曾学到的新知识。他一改早年流连光景、恃才傲物的毛病，谢绝世俗庆吊，一心吟哦经典，以孔孟为意，穷六艺而入道德。

在此期间，他还结识了一位名叫李通叔的友人。友贤习善，切磋学问，是那时"知识分子"的积学修德之路，也是王安石的博学笃行之路。而李通叔正是一个贤良之人，给王安石提供过不少帮助。他们相学相长，学业不断精进。王安石还作过一首《太阿》诗，赠予李通叔。李通叔则以《双松》一诗回赠，二人结下深厚友谊。后来，王安石回忆与李通叔的交往时说："自予之得通叔，然后知圣人户庭可策而入也。"

仁宗庆历元年（1041年）春，三年守制期满，王安石赴京参加科考。因离考试还有不少时日，王安石乘隙重游京都。赶巧碰上好友兼表亲曾巩，他们一同到庆远客栈，叙谈许久。曾巩谈及由礼部举办的贡举考试，不无低落地说："这考试实在折腾人，我这一关就未能过，只怕是没法陪你了。"

王安石素知曾巩无心以科考博取功名，他热衷于以诗赋文章传千古，这与王安石少年时期的想法完全一样，只不过王安石如今已志不在此。他说："我不能同子固这般看得开。若不考试，就辜负了先父的意愿，也对不起母亲的殷切期盼。如今家境不济，我必须尽快挑起养家糊口的大梁。除了科考入仕一途，哪里还有更好的办法？"

曾巩见王安石抱定全力一搏的决心来应试，便为他鼓气："介甫贤侄有鸿鹄之志，又有韩愈、孟郊之才学，还用担心考不中吗？"曾巩说着，话锋一转，开始谈论起时事来："只不过，贤侄当留意，如今的官场腐败堕落，污浊之气盛行，只怕是做了官也难有作为。"

王安石看似漫不经心地说道："即便进入官场，也不一定要与腐败之人同流合污，全看自己想走一条怎样的仕进之路，表叔大可放宽心，愚侄自有分寸。人生在世，总该做些有意义的事情。此人是否能有所作为，在特定条件下取决于他如何决策、如何行动。一个人若心怀天下，在君主那里得志，要干出一番大事业想必不是件难事。"

王安石意气风发，自信且固执。曾巩只比王安石年长两岁，但早已看透了世道浇漓，他说："我朝从第二位皇帝太宗开始便表现出武风不振，特别是对契丹的军事斗争多次失败，真宗又过于懦弱，不顾国威，缔结澶渊之盟。当今朝廷在西夏和辽国的两面夹击下，只有招架之力，当朝天子想维持现状都难，还能干出什么大事业？而朝中一帮庸才肆意弄权，把持朝政，真正为江山社稷着想的有志之士，又得不到重用。"

王安石了解曾巩如此消极悲观的原因，他虽满腹经纶，却因种种原因得不到朝廷赏识。灰心之后，他打算皓首穷经，以诗赋文章立万世之名。当下跟他评论国事，针砭时弊，只会受他消极心态影响。于是，王安石又将话题转移到文学。曾巩读过王安石的多篇文章，对他的文才颇为赞佩，深感王安石是个可塑之才。但随着话题的深入，他们又谈到范仲淹被贬一事。范仲淹虽自幼孤贫，却昼夜不停地苦读，三年未解衣就枕，成为精通儒家经典、博学多才又擅长诗文的文士。入仕后，他为民治堰，热心执教，经过几起几落而百折不挠，西陲守土，政绩沛然。曾巩欣赏他飞扬的文采，而王安石则敬佩他刚直不阿、敢于直言的品行。

之后，他们又谈及声名显赫的欧阳修学士。曾巩告诉王安石："我与欧阳先生素有交往，他既像老师一般称许我，又像老友那般厚待我。"他还表示要将王安石的诗文推荐给欧阳修。欧阳修时为集贤院校理，若能得到他的赏识自然荣耀。王安石听闻甚是高兴，他说，若有机会，定要去拜见这位前辈，望曾巩予以引荐。

欧阳修读了王安石的几篇文章后，大加赞赏。激动之余，他亲笔把王安石的几篇文章中的精华部分抄写下来，以待慢慢品读。王安石在考试前因受欧阳修赏识而名扬京城，而曾巩则黯然离开。

考试的日子很快来临。这次殿试涉及的内容相当广泛，难度自然也不言而喻。以往三年一次的殿试，一般在应试者中选取进士四百人左右，考上进士的，就有机会入仕。对许多寒窗苦读十余载的学子而言，那意味着不仅可以光耀门楣，而且还可以一展自己的抱负，因此不少读书人皆想来拼一把的。考场上气氛紧张肃然，考官在考场的空道上来回踱着沉稳的步子，发出有节奏的声响。他的视线不断从每一位考生身上掠过，不少考生握笔的手在不停地颤抖。王安石也有些紧张，但他将注意力集中于笔端，写道：

　　古之人以是为礼，而吾今必由之，是未必合于古之礼也。古之人以是为义，而吾今必由之，是未必合于古之义也。夫天下之事，其为变岂一乎哉？固有迹同而实异者矣。今之人諰諰然求合于其迹而不知权时之变，是则所同者古人之迹，而所异者其实也。事同于古人之迹而异于其实，则其为天下之害莫大矣，此圣人所以贵乎权时之变者也。

　　王安石在这篇《非礼之礼》中对人们机械地追寻古人的足迹行事、只求表面形式的相同而不顾时代在变化的做法给予尖锐的批评，这种"迹同而实异"给人们造成的危害是很大的。王安石便从古今行事的"迹同"之中看出"实异"，同中求异，立论深刻，发人深省。

　　文章中王安石将自己比作辅佐明君、成就千秋功业的远古贤士后稷和契，考官看了交口称赞，当时就内定为第一名。但有人认为王安石的文风冷峻峭拔，语义有些过激，太显自傲，且在另一篇赋中有"孺子其朋"一语，惹得宋仁宗大不高兴。因此，发榜出来，王安石仅考第四名。排在他前面的是状元杨寘、探花王珪、榜眼韩绛。

　　王安石对这个名次排序毫不在意，他心情很好，也不去看金榜，提笔写了一首《试院中》。

试院中

少时操笔坐中庭，子墨文章颇自轻。
圣世选材终用赋，白头来此试诸生。

仁宗庆历二年（1042年）三月二日，宋仁宗下诏赐进士及第、进士出身共八百三十九人，入选人数为本朝之最。其中，有三人后来在北宋朝廷当过宰相，他们便是王珪、韩绛和王安石，这在宋代是从未有过的。王安石是三人中最先任宰相的。在这些"天之骄子"中，对王安石影响较大的是韩绛和韩维。韩绛进士及第后，对王珪等人的态度都一般，唯独佩服王安石，认为论真才实学，王安石的确应得第一，并称赞他有经天纬地之才。此外，他还将王安石的文章推荐给太子赵顼看。赵顼看了很是赞赏王安石的文风和观点，意欲提拔他到京城来陪自己读书，但王安石本人似乎没太大兴趣。

按常规，入选的考生得在京城待上一段时间。一是要对考官及相关官员表示答谢，从而结交更多政界和文坛的有名人士；二是要等待皇榜名单下来。据说，王安石十分受当朝宰相吕夷简赏识，欲纳他为婿。吕夷简派人请王安石到家里做客，但王安石因与吴家表妹有婚约而婉拒了这桩婚事。惹得吕夷简的两个儿子吕公著、吕公弼非常生气，日后没少找王安石麻烦。

那段时日，王安石既没有注意到会得罪谁，又不愿意去迎合谁，完全沉浸在及第的喜悦之中，与同科友人谈古论今，过得好不惬意。高中皇榜使他脱颖而出，走向仕途，终于可以告慰九泉下的父亲，让期待已久的母亲高兴，也让那些支持他、帮助他的兄弟们感到欣慰和自豪。

几个月后，终于放榜了，朝廷任命王安石为秘书郎签书淮南节度判官厅公事（简称淮南签判）。王安石告别京城，乘一叶小舟从汴水转运河，赴广陵上任。

仁宗庆历三年（1043年）春，王安石告假回了一趟临川老家。他到临川盐步岭看望了祖母，而后便去金溪柘冈舅舅家，商谈与表妹的婚事。

曾巩听闻王安石已回柘冈，立马上门相会。两人相见自然高兴万分，相谈甚欢。曾巩对此次相见记忆深刻，感触颇多，秋后便作了《过介甫》一诗。

过介甫

日暮驱马去，停镳叩君门。

颇谙肺腑尽，不闻可否言。

淡尔非外乐，恬然忘世喧。

况值秋节应，清风荡欹烦。

徘徊望星汉，更复坐前轩。

诗中记叙他与王安石此次相见的情景，两人推心置腹地交谈，完全忘记了时光的流逝。

这首诗是曾巩过后的回忆。而在他们相见时，王安石就作过一首《还自舅家书所感》。

还自舅家书所感

行行过舅居，归路指亲庐。

日苦树无赖，天空云自如。

黄焦下泽稻，绿碎短樊蔬。

沮溺非吾意，悯嗟聊驻车。

曾巩的才气丝毫不亚于王安石，他读过此诗后立即和了一首《酬介甫还自舅家书所感》。

酬介甫还自舅家书所感

旱气满原野，子行归旧庐。

吁天高未动，望岁了何如。

荒土欲生火，涸溪容过车。

民期得霖雨，吾岂灌园蔬。

两首均为古体诗，这样显得更随意，在情感表达上更亲切自然，一唱一和显得他们关系十分亲密。

几天后，王安石回访曾巩，临别时又作了《同学一首别子固》一文。在这篇散文里，他称赞曾巩和孙侔为江南贤人。文中不含世俗的惜别留念之词，表达了王安石想和友人建立相互勉励、相互鞭策的君子之谊，早日达到圣贤倡导的境界。

在柘冈，准备成婚的王安石对自己的过去和未来进行仔细思考，并将思考结果写进长诗《忆昨诗示诸外弟》中。此诗对他二十三岁以前的身世和经历记叙得详细周备，不亚于一篇自述小传。

忆昨诗示诸外弟

忆昨此地相逢时，春入穷谷多芳菲。

短垣困困冠翠岭，踯躅万树红相围。

幽花媚草错杂出，黄蜂白蝶参差飞。

此时少壮自负恃，意气与日争光辉。

乘闲弄笔戏春色，脱略不省旁人讥。

坐欲持此博轩冕，肯言孔孟犹寒饥。

丙子从亲走京国，浮尘坌并缁人衣。

明年亲作建昌吏，四月挽船江上矶。

端居感慨忽自痞，青天闪烁无停晖。

男儿少壮不树立，挟此穷老将安归？

吟哦图书谢庆吊，坐室寂寞生伊威。

材疏命贱不自揣，欲与稷契遐相希。

旻天一朝畀以祸，先子泯没予谁依。

精神流离肝肺绝，眦血被面无时晞。

母兄呱呱泣相守，三载厌食钟山薇。

属闻降诏起群彦，遂自下国趋王畿。

刻章琢句献天子，钓取薄禄欢庭闱。

身著青衫手持版，奔走卒岁官淮沂。

淮沂无山四封庳，独有庙塔尤峨巍。

时时凭高一怅望，想见江南多翠微。

归心动荡不可抑，霍若猛吹翻旌旗。

腾书漕府私自列，仁者恻隐从其祈。

暮春三月乱江水，劲橹健帆如转机。

还家上堂拜祖母，奉手出涕纵横挥。

出门信马向何许，城郭宛然相识稀。

永怀前事不自适，却指舅馆接山扉。

当时髫儿戏我侧，于今冠佩何颀颀。

况复丘樊满秋色，蜂蝶摧藏花草腓。

令人感嗟千万绪，不忍苍卒回骖騑。

留当开樽强自慰，邀子剧饮毋予违。

诗中不仅说明了他的身世、品性、经历，还表明了他的志向——"欲与稷契遐相希"。少年时的他只想凭诗赋博取高官厚禄，而对孔孟不屑一顾，可见他是何等自负。史书记载中评价王安石："果于自用，慨然有矫世变俗之志。"

如今，他初入官场，对自己的人生目标已做了调整，他要向过去告别，向家乡和亲朋告别，去开创一番自己的宏伟事业。

第二章

步入官场，牛刀初试显才干

初入官场，王安石积极建言献策。可惜人微言轻，未受重视。而后，经欧阳修推荐，他在京城小有名气。为展胸中抱负，王安石放弃京官调令，来到贫困的鄞县，并着手修整当地水利、改革财政制度，收到积极反馈。此后，他便一步步靠近自己的志向……

"韩公非知我者"

　　王安石的外祖父吴畋有位哥哥叫吴敏，吴敏有个孙女叫吴琼，比王安石小三岁，是王安石童年在外祖父家暂住时的玩伴。仁宗明道年间，十三岁的王安石随父在家为祖父守孝。他在外祖父家住过很长一段时间，经常和表妹吴琼结伴同游或同窗共读，久而久之结下深厚的情谊，可谓青梅竹马，两小无猜。王安石进士及第、谋得淮南签判一职后，并未急于创造政绩，而是先回家乡娶了表妹吴琼。"金榜题名时"与"洞房花烛夜"次第而来，对王安石来说是双喜临门，他异常兴奋地在门窗上贴了个"囍"字。受荫于家学，吴琼也是个才女，她写的小词"待到明年重把酒，携手。那知无雨又无风"被许多名人赞赏。夫妻二人婚后一心一意过日子，闲暇之余，还斗斗诗、对对联。

　　神仙眷侣般的时光总是过得飞快，王安石不得不辞别家人，踏上去往广陵之路。途中，原在京城任枢密副使的韩琦被贬至广陵。王安石回到衙门一看，知州已换成韩琦。

这位韩琦在当时文韬武略兼备，政绩斐然。位极人臣时，不见他沾沾自喜；不被重用时，就回家安享天伦之乐。在任何情况下，他都能做到泰然处之，不被庞杂事物所左右。在贬来广陵的途中，他还曾写下一首《维扬好》。"二十四桥千步柳，春风十里上珠帘"，从这一佳句中可知，他的心态极好。史书中有关韩琦的逸闻趣事有不少，蔡绦《铁围山丛谈》中有这样一段记载：在广陵的衙署里，养着一盆有名的芍药，名为"金腰带"。人们都认为此花代表富贵，花开之时，吐三枝黄蕊。但有一天，其中有一朵却吐了四枝蕊。这天，韩知州正在官衙的大院中思考一些琐事，无意间看到了这朵四蕊芍药。他既讶异又高兴，便邀请在广陵的监郡王珪和王安石一道赏花。为了应"四蕊之瑞"，尚少一客，韩琦又请了一位钤辖诸司的官员为客。但在第二天，这位客人因腹泻无法到场。韩琦还想找一位替代者，可众多相识的人中却没有朝廷命官。韩琦就找来王安石、王珪一同赏花。谈笑间，有衙役来报，故相吕夷简之子吕公著办差路过此地，前来看望韩知州。于是，四人便一同赏花，作诗唱和。到了吃饭时，韩琦命人剪下四朵花，他和三位客人各簪一枝，场景十分热闹有趣。

这样平常的聚会本无记入史册的价值。但在后来的三十年里，这四位簪"金腰带"花蕊的人先后官至北宋宰相。因此，"四相簪花"的故事在人们口耳相传中演变得神奇起来。

王安石对韩琦很是敬佩。韩琦由枢密副使贬为广陵知州，是因推行"庆历新政"失败。仁宗庆历三年四月，韩琦、范仲淹从泾州奉调回京。在宋仁宗的连日催促下，范仲淹认真总结其从政二十八年来酝酿已久的改革思想，呈上了新政纲领，提出了十项改革主张：明黜陟、抑侥幸、精贡举、择官长、均公田、厚农桑、修武备、推恩信、重命令、减徭役。九月，宋仁宗颁诏推行这一新政。一时间，北宋似乎又重现建朝初期的欣欣向荣之景。

初入官场的王安石对新政抱有很大希望，但又觉新政似乎有所欠缺和不足。他用心思量许久，也无法找到完善之法。毕竟，年轻的他只有从书本上学到的一些东西，还未有从政的实践经验。在王安石还求索未果时，却传来推行新政的两位主力干将范仲淹、韩琦被贬的消息，新政宣告失败。其原因很简单，"庆历新政"是针对官僚阶层进行的改革，某些方面不可避免地触犯到特权阶层的既得利益。因此，他们不仅不支持，还向皇帝告状，恶意攻击范仲淹等人私结朋党、有叛乱之图谋。恶毒的谣言动摇了宋仁宗改革的决心，为了给保守派一个说法，也为了让韩琦和范仲淹远离争斗旋涡，宋仁宗只得将他们贬出京城。

王安石回到淮南时，被贬后的范仲淹刚好写出千古名作《岳阳楼记》。"庆历新政"的失败无疑让王安石深感惋惜，但也更加坚定了他要变法改革的决心。有感于变法艰难、人才难得，他写了一篇短小精悍的文章——《读〈孟尝君传〉》。此文仅有九十余字，却被公认为中国最早的驳论文。文章主旨在于"孟尝君不能得士"。名为读后感，实则借题发挥，表达他对人才的看法。

然而，在认识人才的问题上，王安石与韩琦却大有径庭。韩琦认为，当时的中心问题是整顿吏治，指出朝廷内外官吏过于冗滥，其中老朽、病患、贪污、无能的人应一律裁汰。王安石则认为，对待人才要尽用其所长，不能以整齐划一的标准去衡量。

但此时的王安石只是个小小的签判，平日里主要跟各种案件卷宗打交道。在这个位置上不可能有所作为，也不能改变什么，只能安心等待机会。在处理日常公务之余，他将所有心思都用在读书上。当然，读书不只为打发无聊的时日，而从书本中考究古今之变、领悟治国之道，这才是他的兴趣所在。他写的《鲧说》《书刺客传后》

《伤仲永》以及后来的《商鞅》《贾生》等，均为评价古今人物功过得失的小品文。他坚信，一旦时机来临，自己必可成就一番大事业。

按照常理，才能卓越、力图革新的韩琦理应对这个才华横溢、志向远大的王安石非常重视，但事实恰好相反。他们之间一直没有建立起融洽的关系，甚至还存在一些误解。北宋学者邵伯温在笔记《邵氏闻见录》中记载：韩魏公自枢密副使以资政殿学士知广陵。王荆公初及第为签判，每读书至达旦，略假寐，日已高，急生府，多不及盥漱。魏公见荆公少年，疑夜饮放逸。一日从容谓荆公曰："君少年，无废书，不可自弃。"荆公不答，退而言曰："韩公非知我者。"

这段话说的是王安石时常通宵达旦读书，困了便趴在桌子上小憩一会儿，常常刚一睡着就到了办差的时辰，只得急急忙忙地往府上跑去，因此往往来不及洗漱，一副蓬首垢面的模样。有一日，王安石这副模样恰巧被韩琦看到，这位知州铁青着脸，非常不高兴地盯着他看了许久，严肃地说："年轻人啊，不要只贪图逸乐、荒废书本，误了自己的前程。"王安石听完，明白韩琦误会了，但没有为自己辩解，只是低头不语。退下后，他对人说："韩公不懂我。"

当王安石一有空闲，便到乡下去调研，对农村的情况做进一步观察和了解。有时，他很晚才回到住所，吃过晚饭后，不是看书写文章，就是在那里冥思苦想。他写了一篇文笺交给韩知州。文笺中谈到，秋收结束后，农民可利用农闲时间做两件事情：一是让年轻力壮的农民到山上去砍树，将砍下的树堆放至河边，待来年河水夏涨时，将干树木放流到下游城镇去卖钱，以增加贫穷山区农户的收入；二是组织农民疏通河流沟渠，以防水旱之灾。

韩琦看了文笺，不以为然。他对王安石说："你所言之事可谓两全其美，但你可曾想过，汉代文景之时、唐代兴盛之秋兴盛的原因就在于能让百姓好好休息。农闲时，农民看似闲在家，实则有许多农事的准备工作要做。若只为一点小利而驱使他们从事苦力劳动，致使得不到休养，那定是得不偿失。年轻人，还是多读点史书更有益啊！"

韩琦又一次误解王安石的苦心，王安石不是要不停地驱使农民做苦役，而是希望有办法改善他们的生产条件，改变他们贫困的生活。这让王安石很是沮丧和失落，身为地方官员却不能为一方百姓谋利益，这样的官做着还有什么意思？后来，王安石经常与韩琦因政见不一而产生分歧，但也未发展到水火不容、相互仇视的地步。

后期，韩琦在政治上渐趋保守，但心胸依然宽大。通过一段时间的相处，韩琦终于发现王安石的才能，对王安石说："我听闻你的文章写得甚好。希望你多学习，勤于政事。年轻人最忌懒惰，我想你不会让我失望。"另外，韩琦还想收王安石为门生，但遭王安石婉拒。他不愿活在别人的影子下，决定按自己已设计好的轨迹走。

王安石因多次献策都未得到采纳，不免灰心。从此，"两耳不闻窗外事，一心只读圣贤书"。三年的签判做下来，王安石虽然一无建树，但对政治的认识却深刻了许多，也增加了不少实用学问和政治智慧，开始思虑如何才能将自己的才学贡献给朝廷、如何才能为百姓谋利。

王安石始终对韩琦充满敬意，在《先状上韩太尉》一文中写道："昔者幸以鄙身托于盛府，无薄才以参筹策之用，有疏节以累含容之宽。"甚至在后来还批评自己早年对韩琦的偏见，说自己"久而再惟，滋以自愧"。他赞扬韩琦有"忧国爱君之操，任民恤物之方"，方能"宾礼贤豪，包收疵贱"。

惊沙苍茫乱昏晓

仁宗庆历五年（1045 年），王安石已任广陵淮南签判三年，任期届满。按朝廷制度规定，进士高第后，可献文向朝廷请求担任清要的馆职，包括昭文馆、史馆和集贤院，主要在皇帝身边听差，担任为皇帝撰写诏令的翰林、知制诰等官职。这无疑是文官升迁的一条快速通道，当朝许多高官都经此捷径得到快速升迁，其中不乏执政宰相。此时，二十四岁的王安石饱读诗书，满腹经纶，已具备入馆资格，且有机会得到快速升迁。京城的读书人都羡慕他。况且，在那个重文轻武的时代，一旦入馆职，就被认为是文采一流的人物。

朝廷下令允许王安石提交文章，参加朝廷组织的入馆职例行考试。然而令人不可思议的是，与他一同高第的同科进士都参加了此次考试，唯独王安石未参加。这种例行考试对王安石来说易如反掌，但他对入馆职没有丝毫兴趣。因他主动放弃资格，朝廷只给他随意安排了个官职，任命他为大理寺评事（从七品）。

京城里熟悉王安石的人都对此表示疑惑，王安石也未做太多解释，但从他写的两首诗中或许可以看出端倪。

丙戌五日京师作二首

北风阁雨去不下，惊沙苍茫乱昏晓。

传闻城外八九里，雹大如拳死飞鸟。

浮云离披久不合，太阳独行乾万里。

谁令昨夜雨滂沱，北风萧萧寒到骨。

两首诗表面上是写寒冬的天气，实际上是反映了当时的政治形势。"惊沙苍茫乱昏晓"的自然景象在汴京城是难以见到的，暗指朝廷政局混乱。这一年春夏逢大旱，灾及北国江南，汴河几乎断流，漕运不济，京都一百四十万兵民的粮草供应都成问题。君臣百姓皆不知所措，宋仁宗只好下"罪己诏"，以求平抑民心，摆脱这次天灾的惩罚。

王安石见宋仁宗的罪己诏，心里很不是滋味。有感于国势衰微、治国人才匮乏，他作了《读诏书》一诗。

读诏书

去秋东出汴河梁，已见中州旱势强。

日射地穿千里赤，风吹沙度满城黄。

近闻急诏收群策，颇说新年又亢阳。

贱术纵工难自献，心忧天下独君王。

王安石关心政治与民瘼，尽管当时处境十分窘迫，人微言轻，但他心忧天下，随时准备为天子分忧。诗中慷慨陈词："贱术纵工难自献，心忧天下独君王。"

在京城，王安石急于完成的事情是去拜访欧阳修。恰逢曾巩也到汴京来，于是两人约定一同前去拜访。但不巧的是，他们此次并未见到欧阳修，欧阳修在去年底就被贬至滁州去了。

欧阳修被贬的原因：三年前，欧阳修向朝廷力荐范仲淹、韩琦出任要职，同时连章弹劾吕夷简。那时，吕夷简已经做了二十四年宰相，是宋仁宗的宠臣。在任期间，他政绩平平，劣迹斑斑，同朝官员也只是敢怒不敢言。因此，欧阳修的弹章中"夷简罪恶满盈，事迹彰著"的句子，几乎让宋仁宗失尽颜面。但宋仁宗为振兴国运，被迫罢免吕夷简，以晏殊为宰相，启用范仲淹为参知政事（副相），韩琦为枢密副使（军队副统帅）。就此，声势浩大的"庆历新政"便开始了。

然而，朝中以吕夷简为首的一帮官员为保护既得利益，迅速展开反击，并声称豁出命去也要与"新政派"展开斗争。宰相晏殊态度暧昧，只顾吟唱"一曲新词酒一杯""无可奈何花落去"的词句。支持新政的宋仁宗招架不住，只得向反对派妥协。新政风暴仅一年就草草收场。吕夷简等人给范仲淹扣上"越职言事""勾结朋党""离间君臣"三顶大帽子。未久，欧阳修也被贬了官。

欧阳修到了滁州，心里依旧忿忿不平。是年四月，他还上疏："臣闻士不忘身，不为忠信；言不逆耳，不为谏诤。伏见杜衍、韩琦、范仲淹、富弼等，皆陛下素所委任之臣，一旦相继而罢，天下士皆素知其可用之贤，不闻其可罢之罪。臣职虽在外，事不审知，然臣窃见自古小人谗害忠良，其识不远，欲广陷良善，则不过指为朋党，欲摇动大臣，则必须诬以专权。其故何也？……臣料衍等四人各无大过，而一时尽逐，弼与仲淹委任既深，而忽遭离间，必有朋党专权之说，上惑圣聪。"奏疏中的措辞和弹劾吕夷简的一样激烈。可见，将儒家文化刻入骨髓的欧阳修，其大无畏可不是写在纸上的空言。

王安石听闻欧阳修被贬，十分气愤，甚至用街头俚语大骂了一通，以解内心一时的不平。此时的王安石开始思考：为何满朝文武在天灾面前束手无策？长期国库亏空、寅吃卯粮，靠苛征暴敛和高额捐税提高国家收入，这无异于竭泽而渔。他在文章中打了个比方，说这好比父母关起门来跟儿女们做生意，家族永远富不起来。他认为扭转这种局面的办法，就是用天下之力生天下之财，用天下之财济天下之困。要节流，更要开源。他还想到给漕运判官写信，建议将京畿的士兵撤退至左近的州县，从而减轻饥馑。

过了几天，曾巩回南方去，路过滁州专门去拜访了欧阳修，并住了二十多天。他告诉欧阳修："我在京师见到了王安石，他急切地期待与您相见。他最近又写了几篇文章，一些有文才的朋友读了都夸王安石的文章写得好，古朴典雅，很有韵味，颇有孟子之风。王安石是一个有远大理想的人，很想有一番大的作为。但现今人微言轻，他的言论根本不会引起朝廷重视。此次，他托我给您带了些诗文，有劳您指点。"

欧阳修看了王安石的文章，直夸王安石是位奇才，并口吟一首《赠王介甫》诗赞叹。

赠王介甫

翰林风月三千首，吏部文章二百年。

老去自怜心尚在，后来谁与子争先。

朱门歌舞争新态，绿绮尘埃试拂弦。

常恨闻名不相识，相逢樽酒盍留连。

欧阳修难掩激动之情，对曾巩说："实在太难得，一个二十出头的年轻人竟能写出如此好的文章，尤其是对社会状况的描述和认识，'节义之民少，兼并之家多，富者财产满布州城，贫困者不免于沟壑'的论断都甚是精辟。看了他的文章，我感觉有一种凛然之气于行文之中，像这样的文章，将来不仅能在文坛产生影响，而且还将会在政界大放光彩。"

曾巩接过话头，说："介甫而今的心思不在诗文上，尤其是他拜读了您的《与高司谏书》后，对您甚是敬佩。他对我说，唯有欧阳先生您才能点评他文章中的利弊。"

"王安石能敏锐地审视当今社会种种弊端，他在文章中仅触及某些表象说明已注意到北宋朝廷在灾害面前的脆弱和无能，却没有透视深层的根源。在行文上也还有些拘谨，尤其担心对君主不忠，对权势心存畏惧，他希望当权者能自觉改善社会生存环境，为百姓谋福，这美好的愿望恐怕要落空。"欧阳修中肯地说。

曾巩又说："介甫极想在政事上有一番作为，但他在淮南三年，很不顺心，一事无成。"

欧阳修对认识的、有真才实学的晚辈往往极尽奖掖，竭力推荐，使一大批早年默默无闻的青年才俊脱颖而出，名垂后世，堪称千古伯乐。不但有曾巩、苏轼、苏辙等文坛巨匠，还有张载、程颢、吕大钧等旷世学儒的声名鹊起都与欧阳修的学识、眼光和胸怀密不可分。他一生桃李满天下，除韩琦外，后来还有包拯、文彦博、司马光等都得到过他的激赏与推荐。欧阳修自然明白曾巩的心意，他直言道："我写封信推荐他在京师任职，这样好办事，升迁起来也快一些。朝廷从不讲一个人做了多少实事，唯有身居高位，言论才有分量。"

曾巩适时说道："介甫如今在京师任太平理事，但他还是想去地方历练，干一些于上于下都有利的事。"

欧阳修点点头，说："看样子，这个年轻人倒是与众不同。在地方多干几年也好，积累一些经验。这正是我朝难得的人才，待有机会我想见他一面，与他谈谈。"

王安石不愿留在京城，不愿留在这政治旋涡的中心，也不想在别人面前炫耀自己的才学。他想有一块能够独立发挥自己治理能力的天地，踏实做出成绩，进而得到重用、实现远大理想。而他对人说，家庭贫困，上有母亲，下有诸多兄弟需要照顾，因此不得已要回到离家近的地方任职。事实上，更重要的原因是他明白自己不懂钻营，在京师任闲职三年，时间会像水一样流走，结果仍是无所作为。

那年春节，王安石一人在京城度过。酒后已是黄昏，他行走在凛冽的寒风中，漫洒的雪轻轻飘落在身上，引得他多情敏感的思绪悠悠飘逸而出。他情不自禁地吟出一首《除夜寄舍弟》。

除夜寄舍弟

一尊聊有天涯忆，百感翻然醉里眠。
酒醒灯前犹是客，梦回江北已经年。
佳时流落真何得，胜事蹉跎只可怜。
唯有到家寒食在，春风因泛浣溪船。

王安石虽在京城做官，却有旅人离苦之感。他想念亲人，却无法与他们团聚。岁月蹉跎，时光逝去，唯有到清明时节，浣溪河水涨时，他方能归乡。

仁宗庆历六年（1046 年）春，王安石告假省亲。他先回江宁探望母亲，寒食节祭拜父亲。而后携妻儿前往临川老家，逐个拜访临川和金溪的亲友。前后耗时三个月，至盛夏才返回汴京。

王安石此次回京已下定决心，坚决请求去地方任职。此时的北宋面临内忧外患，一方面要赈灾，保生产，解决各地呈报的干旱、冰雹和地震救灾工作，另一方面要加强边境防御。宋仁宗在初夏对执政大臣说，听闻交趾国最近攻占了占城国，恐怕交趾有反宋之心，于两广地区埋下隐患，应命令广西转运司预先布置防御工事，而后上报朝廷。于是，枢密院检索唐朝以来通往交趾的十六水陆交通要道，下令广西转运使杜杞秘密巡视，增派士兵戍守这些通道。

王安石在等待朝廷改任期间，渡过黄河到河北的一些地方做民情调查，得知辽国和西夏结成联盟时常侵扰中原，所到之处"俘掠人民，焚荡村舍，农桑废业，闾里为墟"。而北宋朝廷却采取苟安政策，搜刮民脂民膏献于辽国和西夏，以求暂时的安宁。广大人民，尤其是黄河以北的平民百姓深受边患、赋税、徭役等压榨之苦，以致上天怨怒，自然灾害频发，民众流离失所。王安石对河北民众当时的"长辛苦"深感同情、触景生情、有感而发，作了首《河北民》。

河北民

河北民，生近二边长苦辛。

家家养子学耕织，输与官家事夷狄。

今年大旱千里赤，州县仍催给河役。

老小相携来就南，南人丰年自无食。

悲愁白日天地昏，路旁过者无颜色。

汝生不及贞观中，斗粟数钱无兵戎。

百姓生活在水深火热之中，朝廷上下已到了无计可施的地步。此诗勾勒出一幅百姓身处水深火热之中、满目疮痍的凄凉景象，是当时社会的真实写照。王安石深切关注底层百姓，并对时政进行了有力抨击。

一民之生重天下

仁宗庆历七年（1047年）秋，朝廷命王安石为大理寺评事，知鄞县。此次，他做的不过是一个小小的知县，但还算得上是有自主权的一方主官。他甚是高兴，接到任命立马打理行装启程。

鄞县（今浙江省宁波市鄞州区）当时属于濒临大海的偏远地区，经济发展迟缓，尤其是农耕生产完全靠天吃饭，几乎每年都有或轻或重的自然灾害。王安石上任当年，鄞县又遭遇一场大旱。河水已断流，百姓无法进行春耕生产。一进入鄞县境内，王安石就不时遇到一群群逃难的妇女和孩子。看着面黄肌瘦的孩子，他于心不忍，将随身携带的钱粮全部分给他们。虽解决了数十难民的一时之饥，但他的心情却非常沉重。他一边走，一边默默地想："如今正是青黄不接的季节，当务之急是解决百姓的饥荒问题，让他们度过一冬一春的难关。"

下车伊始，王安石就下令将官府的粮食借给农民，待农民来年秋收后再归还官府。幕僚们纷纷反对，一旦来年再受灾，不仅农民还不上借粮，要忍饥挨饿，而且官府的粮库也空了，上面追究下来，县衙所有人都罪责难逃。当地农民也不愿借官府的粮食，他们害怕明年秋后因还不起官府的粮而受到严厉惩罚。王安石听取各方意见后，认识到这个方法还不够成熟，只得暂缓计划，以待进一步考察、完善。但他始终没有放弃，一直在心里构思、完善预案。

为了让农民旱涝保收，王安石冒着严寒，在鄞县境内进行实地考察，了解民情。经过实地问询得知，该地在五代吴越国统治时期，一直重视水利事业，设有专门的官吏，每年都对河流沟渠进行疏浚治理，修建一些储水的水库。保持河流水道通畅，能够抵御比较大的水旱灾害。而北宋开朝以来，当地不再设置主管水利的官吏，水利失修，有些水道已经堵塞。夏季一干旱，水道就干涸，进而影响庄稼灌溉，百姓也跟着遭殃。于是，王安石给两浙转运使杜杞上《上杜学士言开河书》，请求治理水道。他写道："鄞之地邑，跨负江海，水有所去，故人无水忧。而深山长谷之水，四面而出，沟渠浍川，十百相通。长老言；钱氏时，置营田吏卒，岁浚治之，人无旱忧，恃以丰足。营田之废，六七十年，吏者因循，而民力不能自并。向之渠川，稍稍浅塞，山谷之水，转以入海而无所潴。幸而雨泽时至，田犹不足于水，方夏历旬不雨，则众川之涸可立而须。故今之邑民最独畏旱，而旱辄连年。是皆人力不至，而非岁之咎也。"

这位新上任的王知县凭借铿锵有力的宏论和周密的治理方略，打动了杜杞。在杜杞的支持下，王安石率领一支由县吏们组成的生产与水利情况考察队，到全县各地去实地考察，将河流沟渠的分布情况和现状重新调查清楚，以便从实际情况出发，制订最有效而又最节省的兴修水利工程方案，调动境内乡民疏浚水道。此次考察历时十三天，他带领众人先后前往万灵乡、育王山、东海滨、芦江、洪水湾、桃源、青道等进行调查研究，同时劝导乡民，安排民事。

回城后，王安石写成名篇《鄞县经游记》："庆历七年十一月丁丑，余自县出，属民使浚渠川，至万灵乡之左界，宿慈福院。戊寅，升鸡山，观碶工凿石，遂入育王山，宿广利寺。雨，不克东。辛巳，下灵岩，浮石湫之壑以望海，而谋作斗门于海滨，宿灵岩之旌教院。癸未，至芦江，临决渠之口，转以入于瑞岩之开善院，遂宿。甲申，游天童山，宿景德寺。质明，与其长老瑞新上石。望玲珑岩，须猿吟者久之，而还食寺之西堂。遂行，至东吴，具舟以西。质明，泊舟堰下，食大梅山之保福寺庄。过五峰，行十里许，复具舟以西，至小溪以夜中。质明，观新渠及洪水湾，还食普宁院。日下昃，如林村。夜未中，至资寿院。质明，戒桃源、清道二乡之民以其事。……"

从游记中可看出，王安石首先考察了"万灵乡之左界"。白天口渴时，他们就在溪边喝一口泉水；夜晚变冷时，便宿于禅寺。而后，往东踏畈涉河，经几个山村至育王山。因遇雨，山路阻断，便由石湫壑折向东北。在靠近海边芦江决渠口附近仔细考察，与随行官吏商谋整治芦花江这条潮汐河流的计划。

而后他们再折回来，越太白山，在天童峰游历一番。幽美景致激发王安石作了首《天童山溪上》。

天童山溪上

溪水清涟树老苍，行穿溪树踏春阳。

溪深树密无人处，唯有幽花渡水香。

这是一片荒无人烟之地，只有猿吟不见影。王安石放弃了登高远眺大海的雄阔，将目光投向这穷乡僻壤。

从天童山而下，又至二灵山，王安石即兴作了《登二灵山》一诗。

登二灵山

海上神仙窟，分明作画图。

山云连太白，溪水落东湖。

路觉行边断，亭从僻处孤。

直教殷处士，城市迹全无。

诗中勾勒出二灵山与东钱湖（东湖）构成的空寂图景：二灵山连着太白山，三面环水，形成山水相拥的景观。山顶上的二灵塔是建于北宋端拱年间的方形石塔。站在二灵塔边，可将全湖景致尽收眼底，一览无余。

之后，王安石一行再乘舟从东钱湖折往西南，行至保福寺的田庄上岸用餐，继而走过横溪五峰寺，再乘舟而西，至小溪口夜半而宿。次日，考察溪流情况后，又返回普陀寺（普宁院）用餐。傍晚时分至林村，第二天再往桃源、清道乡。未久，王安石还专门去查看了鄞西龙泉寺的石井，并作《龙泉寺石井二首》。

龙泉寺石井二首

山腰石有千年润，海眼泉无一日干。

天下苍生待霖雨，不知龙向此中蟠。

人传湫水未尝枯，满底苍苔乱发粗。

四海旱多霖雨少，此中端有卧龙无。

王安石到鄞县后心忧百姓，看见千年不枯的龙泉井便有了"天下苍生待霖雨""四海旱多霖雨少"的感慨，而"此中端有卧龙无"的疑问则侧重表达对苍生不幸遭遇的深切同情。对比两首诗，第一首更显豪迈，"不知龙向此中蟠"可谓托物言志，委婉地表达了自己济世的雄心。鄞县山清水秀的自然环境使他更加清醒，已处江湖之远，摆脱宦海纠葛，在此更要经邦济世。若做不好这地方官，岂不枉负了这一方山明水绿？

此次考察，王安石对鄞县河流分布有了基本了解，随后制订治水规划，开展水利建设。各地乡民听闻新来的知县要兴修水利，都非常高兴，他们纷纷报名参加，干活也十分卖力。兴修水利最有代表性的，当属修复东钱湖。在唐宋之际，东钱湖曾多次被修治。但在北宋庆历年间，东钱湖因年久失修，淤积严重，导致河床上升，蓄水量减少，干旱时，就会丧失灌溉机能。王安石决定将疏浚东钱湖作为一项重点工程。他采取恢复湖界、加深湖底、围筑堤堰和设置碶闸等措施，并在湖周围开垦荒田。修复后的东钱湖能"灌田五十万亩"，境内人民"虽大暑甚旱，而卒不知有凶年之忧"。

经过全县上下的共同努力，一系列水利工程顺利完工。他们"清葑草，立湖界，起堤堰，决陂塘，整修七堰九塘，限湖水之出，捍海潮之入"。自此之后，鄞县乡民再也不用遇上旱天就发愁了。为纪念王安石，乡民们将九塘中最大的一塘称为"王公塘"。修整水利后，王安石并未沾沾自喜，作了一首《鄞县西亭》。

鄞县西亭

收功无路去无田，窃食穷城度两年。
更作世间儿女态，乱栽花竹养风烟。

为了让百姓摆脱贫困，王安石又开始尝试推行"青苗法"。经反复调查发现，春天农民急于耕种，手头又没有钱粮，只好向富户去借。富户一般都取四分利，利息高得很。待到秋天农户还清高利，再去掉上交朝廷的赋税，手中的余粮就所剩无几了。有些百姓一旦遇到天灾人祸，就会因借债未能及时还上而背负沉重的负担，还有人因此卖儿卖女，倾家荡产。

王安石经过反复思量，制定出相应政策，并在全县试行。这就是后来"熙宁变法"时"青苗法"的初次试验。其步骤如下：春天庄稼刚刚出苗之时，凡是急需钱粮的农户可向本地官员提出申请，由各乡地方官吏掌握情况，在验明该户所耕种田地的实际情况后，再考虑其所申请数额是否符合实际与其将来的偿还能力等，提出一个初步的意见，而后报县主管官吏批准。待到秋天粮食收获后，再让农民将粮食还给官府，归还借贷本钱并支付少量的利息（利息制定为二分利），用当年新粮充实官府仓库中剩余的旧粮。

开始施行时，王安石下令强制郊区的贫困农民向官府借贷钱粮，但郊区的农民不愿向官府借，听闻将来还要支付一定的利息，更把他们吓坏了，有的人还跑到县衙申诉缘由。王安石听了非常恼火，下令将这些人责打二十大板。结果，郊区的农民都骂王安石暴戾施政，为官不仁。王安石也不为自己辩解，坚信一项好的政策并不在于宣传，而要看实际效果。经过两年的实践，人们终于看到成效。百姓用较低的代价解了燃眉之急，官府的收入也增加了，还达到另一个目的——压制高利贷，平抑物价。此项措施初见成效后，全县乡亲纷纷响应，为王安石多年后主张改革积累了一定的实践经验。

鄞县地处沿海，出产海盐，海边的部分百姓因没有良田可供耕种，不得不依靠打捞出卖海盐为生。一些官办的盐场为垄断盐业生产，千方百计制止个体生产食盐。可这些百姓没有别的生活出路，只能铤而走险，因此官府屡禁不绝。为禁止私盐的贩卖，两浙转运使衙门给各县下发了"捕盐"令，要求雇专人逮捕出卖私盐者。为筹集雇人的费用，要求各县官吏和百姓出钱。此外，他们还出钱悬赏告发私自捞盐卖盐者，给以相当丰厚的奖赏。捕盐令一时闹得人心惶惶。

　　王安石接到捕盐令后，对鄞县的实际情况进行分析，而后对捕盐及贩运做出规范。为此，他写了一封《上运使孙司谏书》呈交给转运使衙门，申明捕盐对百姓的骚扰，劝转运使收回发到各县的布告。就此事，他还作了《收盐》一诗。

收盐

州家飞符来比栉，海中收盐今复密。

穷囚破屋正嗟郁，吏兵操舟去复出。

海中诸岛古不毛，岛夷为生今独劳。

不煎海水饿死耳，谁肯坐守无亡逃。

尔来贼盗往往有，劫杀贾客沉其艘。

一民之生重天下，君子忍与争秋毫？

　　此诗生动形象地写出了盐与沿海百姓生活之间的联系，间接映射出沿海百姓的生存环境。本就贫困不堪的盐民因官府的严厉打击，生活更是雪上加霜。诗末责问"一民之生重天下，君子忍与争秋毫"，可见王安石将民生问题视为天下最重。

　　王安石在治理鄞县期间，还首创县学。他打破传统，大胆地将鄞县的孔庙改成县学，并四处找寻名师任教。据说，王安石得知慈溪有一位叫杜醇的学儒在当地道德学问名声颇佳，便亲自上门聘请杜醇，与杜醇详谈之后认为："杜君者，越之隐君子，其学行宜为人师者也。"为了让杜醇出任鄞县县学教习，王安石先后两次写信请求，杜醇被王安石的真心打动，从慈溪来到鄞县，在县学任教。仁宗庆历八年（1048 年），王安石作《慈溪县学记》，其中有"天下不可一日而无政教，故学不可一日而亡于天下"等名句。

王安石在任期间，开启四明学风，使明州形成官学、书院、蒙学三个教学系统。县学甚是繁荣，人数多达二百余人。从此以后，鄞县开始出进士，仅在有宋一朝，鄞县不但出了七百一十八名进士，还培养了张孝祥等四名状元，有"满朝朱衣贵，尽是四明人"之说。

在鄞县的三年，王安石施行"起堤堰，决陂塘，为水陆之利"的水利措施与"贷谷与民，立息以偿，俾新陈相易，邑人便之"的"青苗法"。他后来许多变法的措施，大多在这时就施行过，效果较好。他为民办事，在鄞县做出不错的政绩，且赢得好的口碑。

仁宗皇祐元年（1049 年），即王安石在鄞县任期的最后一年，他作了一首《县舍西亭二首》，表达自己对鄞县的不舍之情。

县舍西亭二首

山根移竹水边栽，已见新篁破嫩苔。
可惜主人官便满，无因长向此徘徊。

主人将去菊初栽，落尽黄花去却回。
到得明年官又满，不知谁见此花开。

王安石虽在鄞县政绩卓著，但他还是觉得做得不够多、不够好。见不到来年菊花开，他深感遗憾和无奈。

仁宗皇祐二年（1050 年），王安石在鄞县任期已满，回京城等待调用。临行前几天，才满两周岁的长女不幸夭折。王安石既与女儿永诀，又与鄞县的乡亲离别，悲痛和离愁双双来袭。二十九岁的他觉得自己一下子老了许多，心情沉重地作了一首七言绝句《别鄞女》。

别鄞女

行年三十已衰翁，满眼忧伤只自攻。

今夜扁舟来诀汝，死生从此各西东。

有首歌唱得好："天地之间有杆秤，那秤砣是老百姓"，百姓总会记得谁才是真正爱民的好官！王安石离任后，当地百姓出于感激，自发地修了庙宇来纪念他。而王安石也难舍这片洒下过汗水和泪水的热土，走到余姚菁江时，还依依不舍地回望鄞县，并写下《离鄞至菁江东望》一诗。

离鄞至菁江东望

村落萧条夜气生，侧身东望一伤情。

丹楼碧阁无处所，只有溪山相照明。

此诗表达的情感低落，"村落萧条""丹楼碧阁无处所"，写出了他所见到的萧条、破败、荒芜的乡村景象。尽管他治鄞三年有余，其间赈灾放粮、兴修水利、创办县学、打击豪强，成效非凡，但要在短时间内完全改变当时地方的贫困状况是不可能的，且整个社会亦积重难返。他不知还能否重返这片热土，也不知上京述职待官的命运如何，心中不免感伤。"东望"二字有对浙东大地的无比眷恋，更有其壮志未酬的无尽惆怅。

身闲自觉贫无累

仁宗皇祐二年夏天，王安石在浙江鄞县知县任满带着妻儿回江西临川故里。通常，从鄞县西到抚州临川，最近行程当是经新昌、义乌、金华、衢州、弋阳，最后抵达目的地。而王安石却折向北，经余姚、绍兴，前往杭州。

或许是因他最初往鄞县上任匆忙，没有时间好好领略江南风光；或许是因三年的浙东生活使他对这片土地产生了感情，欲以独特的方式告别。一路上，王安石只要想到马上又到京师去，入世和归乡的诗意就一次次涌上心头。到了绍兴，王安石还在回想他在鄞县的生活。他登上越州城楼，俯视江水，仰望流云而慨叹人生，作了一首《登越州城楼》。

登越州城楼

越山长青水长白，越人长家山水国。

可怜客子无定宅，一梦三年今复北。

浮云缥缈抱城楼，东望不见空回头。

人间未有归耕处，早晚重来此地游。

在王安石的心目中，江南处处可见那种时光无法磨灭的诗意与柔情。他恋恋不舍，慨叹自己只是一个匆匆过客，尽管举目东望也不见鄞州的踪影，但他还在心中发愿：迟早会回来的。

仲夏，王安石来到杭州。杭州是两浙路治所，也是江南重镇。这里风光秀丽，经济发达，市井繁华。年轻气盛的王安石来到西湖边，却没有心情欣赏西湖美景。他登临飞来峰，眺望远方，憧憬未来，有感而发，写下一首七绝《登飞来峰》。

登飞来峰

飞来山上千寻塔，闻说鸡鸣见日升。

不畏浮云遮望眼，只缘身在最高层。

他一登上飞来峰的高塔，就联想到鸡鸣日出时的奇景。通过对这种景象的憧憬，他壮志豪情地表达了对前途的展望。这是一首哲理诗。"不畏浮云遮望眼，只缘身在最高层"，乍听起来，是在谈论观赏风光的体会，可细细寻味，便能从中领悟到一条人生哲理：在社会生活和思想修养方面，不也是站得高才能看得远？这是自勉，王安石希望有朝一日能施展治国平天下的才能。诗歌通过托物言志、借景抒情的手法，表达了王安石高瞻远瞩、对前途充满信心的豪情。另外，典故的运用，不但增强诗歌的含蓄蕴藉之美，还使诗歌更具形象感。

在杭州逗留数日，王安石折身西行。一家人在回乡的路上走走停停一个多月，初秋时节来到葛溪驿（今属江西省弋阳县）。此时，已离家很近，他们归家的心情反而更加迫切。夜宿驿馆，王安石辗转反侧，难以入眠。他索性起身望月，不觉情思绵绵，作了《葛溪驿》一诗。

葛溪驿

缺月昏昏漏未央，一灯明灭照秋床。

病身最觉风露早，归梦不知山水长。

坐感岁时歌慷慨，起看天地色凄凉。

鸣蝉更乱行人耳，正抱疏桐叶半黄。

诗中描绘了昏昏缺月下所见之景：孤灯、风露、鸣蝉、疏桐，这些衰残的景象构成凄凉的秋景，行役之人每独眠于客舍之夜最易萌生思乡之情。秋声扰攘，悲从中来，本诗以"乱"为诗眼，情景交融，抒写了王安石的家国之思。

回到家乡时，秋色已浓。王安石与母亲和兄弟们一同尽情享受天伦之乐，等待朝廷新的任命。他心境开阔，作了一首《到家》。

到家

五年羁旅倦风埃，旧里依然似梦回。

猿鸟不须怀怅望，溪山应亦笑归来。

身闲自觉贫无累，命在谁论进有材。

秋晚吾庐更萧洒，沙边烟树绿洄洄。

王安石回到老家才觉无官一身轻，大多数时间他都是与乡人一同，拉拉家常，叙叙旧情。在和亲友的叙谈中，在熟悉的家乡田野里，他暂时忘却了为官时的疲倦。

当然，回乡后到祖坟祭拜是少不了的。在金溪县琉璃乡月塘村，有王氏家族的祖坟山，王安石曾祖父王明、祖父王用之等皆葬于此，这里还置有专门的祭田。王安石每次回家，都带着儿子到此地拜祭，并住在附近的城陂院。王安石还撰《城陂院兴造记》述及此事，记中写道："灵谷者，吾州之名山，卫尉府君（按：王用之）之所葬也。山之水东出而北折，以合于城陂。陂上有屋曰城陂院者，僧法冲居之，而王氏诸父子之来视墓者，退辄休于此。"

有时，王安石还会给乡亲们进述自己在鄞县做官的一些趣事。谈起"官经"，他总是一本正经，每与他人见解不同时，就激烈争辩，寸步不让。这对有治世之志和颇富人伦情感的王安石来说，是一件非常快乐的事。

仁宗皇祐三年（1051 年），王安石在老家过完年后来到京城汴梁。自从踏进官场的那一天，他对于仕途似乎就有一个长远的规划。在离鄞之时，宰相文彦博力荐他在京都任官，并评价王安石"恬然自守，未易多得"。朝廷特征王安石召试馆职，王安石却以"祖母年高，先臣未葬，家贫口众，难住京师"为由婉拒。此次到京，他也未打算长留，更不愿找关系留作京官，只是静待调命。

特立独行的王安石在北宋知识分子中，显得尤为另类。许多官员很看重自己的政绩和功名，尤其重视官方的评价，所以他们每在一个地方任期一到，便急急忙忙向朝廷上奏自己的业绩，期待早日晋升，获取更丰厚的俸禄。此时的北宋王朝，朝纲不振，法度已乱，朝野上下"偷惰取容"的庸人比比皆是。

那时，王安石也并未摆脱旧时读书人的矛盾心理，也不可避免地在兼济天下与独善其身两者中间徘徊。他一面以雄才大略、执拗果断著称于史册，另一面身处激烈的政治旋涡中也时时泛起急流勇退、功名误身的感慨。

受父亲多年为官之道的影响，王安石清廉自律，淡泊名利；同时又以拯救天下苍生为己任，希望能用个人的才能改善天下百姓生活。最难能可贵的是，王安石不是一个只会舞文弄墨的书生，还能纠正时弊、富国强兵，是国家所倚重的栋梁之材。然而，他的内心世界却又不能被凡夫俗子所理解。

王安石在京师待命之时，朝廷暂时任命他为殿中丞（从五品）。这是一个非常清闲、没有实权的职务，王安石显然对此不太满意。他以方便照顾家人、缓解家里的经济压力为由，申请外放为地方官。这是个看似合理，实际上却解释不通的理由。朝廷命官的俸禄皆以品级高低而论多寡，与工作是否清闲、权力大小没有直接关系。当时，若一个地方官员不贪赃枉法，徇私舞弊，就不可能有更多的收入。反倒是京官升迁快，俸禄也随之而涨，才有更多的银两来解决家庭困难。像王安石这样的清官，若想要更多俸禄，显然留在京城更实在些。因此，他所谓的为了养家孝亲而请放为地方官是借口。

事实上，王安石骨子里有一种高贵的精神："穷且益坚，不坠青云之志"。他青年时期便立下"矫世变俗"的志向，没有那种强烈的升官欲望，而是淡泊物欲，尽己所能地多做于当地民众有益的实事、大事。然而，他在京城的生活单调得很，每天除看书作文外，闲暇时就与人相约去游览京城的风景，或到茶馆喝杯茶，从不涉足其他娱乐场所。王安石想不明白，也不理解，像他这样的人才在北宋朝廷屈指可数，为何朝廷不多给他点干实事的机会？难道给他这样一个无足轻重的闲差事就足够了？

恰逢此时，他有机会读到范仲淹的《岳阳楼记》。当读到"不以物喜，不以己悲。居庙堂之高则忧其民，处江湖之远则忧其君"这些深富哲理的语句时，他被范仲淹博大而旷达的胸襟所折服。

这与他"不畏浮云遮望眼，只缘身在最高层"的意境是完全一致的，忧国忧民之心使他无法闲居京城。正是有这样的志向，王安石才在十几年里从地方基层官吏一步步脚踏实地登上更高的位置。

第三章

四海宦游，立足基层谋民利

仁宗皇祐三年后的七八年间，王安石的仕途进展与理想常有出入。他期望朝廷能委之重任，让他主理一方事务。这段时间，他担任的多是副职。郁郁寡欢是他此时的情感基调。为不辜负信念，他主动向朝廷建言献策，并请求富弼、欧阳修等重臣给他一个机会。

旧学从谁得指南

仁宗皇祐三年春末，朝廷的任命状颁布，王安石被任命为舒州（今安徽省潜山市）通判，加殿中丞。他接到通知立马离开京城，赴舒州上任。

舒州，时辖怀宁、桐城、宿松、望江、太湖五县。治所怀宁是一座美丽的山城。天柱山下，两条河流发脉而出，一为潜河，一为皖水，逶迤汇入长江。古人逐水而居，春秋时期楚灵王于两水之间的平原处首筑古皖城，潜山县城就坐落于此。

王安石乘一叶小舟而来。上岸后，他漫步在山间小路上，领略到"树色分青涧，峰阴转绿池。岸明荷散绮，枝亚果垂脂"的美景。初夏时节，细雨蒙蒙，山路边杜鹃花开，天柱山云雾氤氲，好似进入了仙境，一切都可使心灵安静。

王安石置身官场，却不入俗流。到任之时，同僚为他接风，王安石却有羞愧之感，作了一首《到郡与同官饮》。

到郡与同官饮

泻碧沄沄横带郭，浮苍霭霭遥连阁。

草木犹疑夏郁葱，风云已见秋萧索。

荒歌野舞同醉醒，水果山肴互酬酢。

自嫌多病少欢颜，独负嘉宾此时乐。

王安石给同僚的第一印象就很"怪"，而知州大人也预感到与热衷"歌舞""酬酢"的下属相处将会很困难。

王安石此时最关心的是世俗之风。刚到潜山，便兴致勃勃地寻访周公瑾与小乔的遗迹。舒州出过不少名人，如朱邑、周瑜等，可问起当地人竟大都不知晓。只有一个弯腰驼背的老翁瞪大眼睛听王安石问了半天，终于恍然大悟，明白过来。他急忙拉着王安石的衣襟向前指点道："此地就属老朽我年龄最大，见识最广，过路人，你算是问着了，除了我，这里恐怕无人知晓。前面再走三里路，转过山梁，那棵老槐树下面就是周公井，水好着呢！"王安石哭笑不得，强烈感受到这一带的闭塞与落后，作了一首《到舒州次韵答平甫》。

到舒州次韵答平甫

夜别江船晓解骖，秋城气象亦潭潭。

山从树外青争出，水向沙边绿半涵。

行问嗇夫多不记，坐论公瑾少能谈。

只愁地僻无宾客，旧学从谁得指南。

这首诗是他写给弟弟王安国的。王安石向弟弟介绍，这里是个山清水秀的好地方，但比较偏僻，文化荒芜。不久，他师从古人，在天宁寨的通判厅西侧筑起高台，建起楼阁，取名"舒台"，作为官员读书之处。

王安石到任的夏季，久旱不雨，百姓无法耕种。眼看将颗粒无收，百姓焦急万分，千方百计求雨而不得。身为地方官员的王安石爱民心切，急盼甘霖。但与他在鄞县任知县不同的是，在这里，任何救民急难之事他都做不了主。王安石来舒州虽挂了个殿中丞的头衔，实授舒州通判（正六品），但终究不是知州，凡大事、要事都得知州做决策。而就此事，知州和他的幕僚们想到的办法只有祈雨。

到了盛夏，好不容易盼来一场雨，可惜雨太小，解决不了农民的生产和生活问题。而那些高高在上的官吏们早把这些事情抛之脑后，只顾兴高采烈地吃肉呢！王安石有感于此，作《舒州七月十一日雨》一诗。

舒州七月十一日雨

行看野气来方勇，卧听秋声落竟悭。

浙沥未生罗豆水，苍茫空失皖公山。

火耕又见无遗种，肉食何妨有厚颜。

巫祝万端曾不救，只疑天赐雨工闲。

王安石为百姓生产生活而产生的焦急之情溢于言表，表达了他对不关心百姓疾苦的腐败官吏的愤激之情。他建议官府组织农民修建水利工程，以保农业旱涝无虞。但知州认为王安石越职言事，不仅不予支持，反而指责他劳民伤财，是在谋求一己之功。王安石百口莫辩，有苦难言，于是写了一首题为《发廪》的长诗。

发廪

先王有经制，颁布上所行。后世不复古，贫穷主兼并。

非民独如此，为国赖以成。筑台尊寡妇，入粟至公卿。

我尝不忍此，愿见井地平。大意苦未就，小官苟营营。

三年佐荒州，市有弃饿婴。驾言发富藏，云以救鳏惸。
崎岖山谷间，百室无一盈。乡豪已云然，罢弱安可生。
兹地昔丰实，土沃人良耕。他州或眚沴，贫富不难评。
幽诗出周公，根本诇宜轻。愿书七月篇，一瘝上聪明。

　　这首诗表现了王安石对当时百姓的穷困现状的担忧之情。他还进一步描写农民的凄惨情况：农民如此穷困，官吏们却为所欲为，到处敲诈勒索。农民田地里的庄稼没有收成，连肚子都填不饱，更别提拿出银两来。他们哀诉乞求，得到的却是官吏的鞭抽棍打。冬天天冷少粮时，许多老弱病残在饥寒交迫中悲惨死去。诗中用词直白尖锐，如同一纸诉状，将那些不顾百姓苦乐生死的官吏狠狠痛斥了一番。

　　然而，王安石的呼吁在实际情境中显得苍白无力。他每日除了到知府点卯，其他事情可以一概不过问。这种碌碌无为的状态令他暗结愁肠。第二年，即仁宗皇祐四年（1052年）的寒食节，王安石告假往江宁为先父和长兄王安仁扫墓，不觉悲思万缕，泪若江潮，写下《壬辰寒食》一诗。

壬辰寒食

客思似杨柳，春风千万条。
更倾寒食泪，欲涨冶城潮。
巾发雪争出，镜颜朱早雕。
未知轩冕乐，但欲老渔樵。

　　全诗以清新峻拔之语，抒发王安石的客思之愁、寒食之哀、早衰之叹以及为官不乐的情绪，这愁、哀、叹融合在一起，使他关于衰老的感慨更为深沉。

王安石这个通判当得清闲，可这职位并不适合他，他是一刻都不甘寂寞的人。利用空闲时间，王安石将他在鄞县时寻得的二百余首尚未流传开的杜甫诗稿编成《老杜诗后集》，于五月交人刻印，使其与已经在民间流传的杜甫诗集并行，并为之作序。后来，他还作了一首古体诗《杜甫画像》来表达对杜甫的崇敬。

王安石并非那种风一吹就倒的懦弱书生，他以务实肯干的精神投入为民谋利的事务中。像在鄞县一样，他带领能够支使的一帮官吏考察舒州的地势地貌及土壤河流，为农业水利建设做准备。

任宗皇祐三年夏秋之交，王安石从州治出发，向北经过怀宁县西二十余里的山谷乾元寺附近。那里有一座石牛古洞，他与弟弟王安国等人拥火入洞，听泉水如鸣琴，流连忘返。待众人出来时天色已晚，只得夜宿寺庙里。他们与寺庙里的僧人一同吃饭、聊天，别有一番乐趣。

次日一早，兄弟二人又与僧人文锐同游石牛洞。他们举着火把往前走，走了许久也未找到鸣琴声的来源。由于担心火把燃尽，他们只得遗憾地返回洞口。随后，他们又在三祖寺闲游。看了禅宗三祖僧璨的《信心铭》，听了陈门立雪、祖师传衣的故事，王安石对僧璨十分钦佩。本次出游，他作了一首《题舒州山谷寺石牛洞泉穴》。

题舒州山谷寺石牛洞泉穴

水泠泠而北出，山靡靡而旁围。

欲穷源而不得，竟怅望以空归。

此诗描写王安石游洞寻幽探胜的乐趣和未能穷源尽意的惋惜之情，其意境清幽自然而无矫饰。王安国称赞道："兄长若能从政事的束缚中解脱出来，纵情山水间，定能写出清爽自然的佳句，像经学典策那般流传下去。"王安石也不无得意地说:"我亦觉此诗尤具天然气象,若说能与古人典策具传,则是谬奖了。"

若干年后,王安石官至宰相。有一次,舒州通判蔡京进京办事,拜会王安石时提到,准备将当年王安石在天柱山写的诗刻到石牛古洞的大石头上。王安石听了,虽愿意将自己的诗刻到天柱山上,但总觉自己曾颇感得意的诗作还少了些什么。他思索再三,又重写一首,交付蔡京。现存于天柱山石上的那首诗,就是王安石重写后的,是这样四句:

> 水无心而宛转,山有色而环围。
> 穷幽深而不尽,坐石上以忘归。

如此一改,比原诗更显清丽、闲适、淡定。

游罢石牛洞,王安石等人又来到碧波荡漾的太湖群。漫步于太湖岸边,摇舟于太湖水中,陶醉于湖光山色和蓝天白云的光影里,几人少不了作诗唱和一番。

而后,他们出皖口,入大江,顺流东下。舟经池州,王安石作了《和王微之秋浦望齐山感李太白杜牧之》一诗。唐代诗人杜牧当年游齐山时,以秋菊为兴,作有《九日齐山登高》一诗。王安石远眺齐山,有感于"此地流传空笔墨,昔人埋没已蒿莱",于是作此诗相和。

舟至青阳,王安石写了《和平甫舟中望九华山二首》。这两首是给其弟王安国的和诗,以九华山起兴。因是远眺,只能概览全貌,描写的多为想象情景,不免有些遗憾。

之后,轻舟穿过铜陵、芜湖,来到众多船客驻足的牛渚矶。这里是军事要地,王安石特意作《牛渚》一诗,记其地理位置的险要。

牛渚

历阳之南有牛渚，一风微吹万舟阻。

华戎蛮蜀支百川，合为大江神所躔。

山盘水怒不得泄，到此乃有无穷渊。

朱衣乘车作官府，操制生杀非无权。

阴灵秘怪不欲露，毁犀得祸岂偶然。

诗中，王安石先描写了牛渚矶险要的地势和江心洲的形成。接着，又对"温峤之死"的历史故事作了新颖独到的诠释。王安石突破传统思维，充分体现了他具有渊博的学识。

之后，再北上至含山县。位于县城北十余里，有一座山名为华山。山间有古刹，为慧褒禅师所建，林木葱茏，风景绝幽。后来，华山因此更名为"褒禅山"。王安石慕名而至，与四人带上火把走进后山洞，进得愈深，行进愈难，其见愈奇。正感叹间，不知谁说了句"再不出去，火就要灭了"，于是大家急奔而出。出来之后，每个人都称赞洞中的奇妙景象。王安石在此写下千古名篇《游褒禅山记》。

题为游记，但主旨在于阐述要"有志""尽吾志"的观点。王安石不重山川风物的描绘，而重因事说理：世之奇伟、瑰怪、非常之景观，常在险远之地；事理宜"深思而慎取"；除了有坚定的志向，全力以赴、不惧艰苦的行动之外还需一定的物质保障才能完成……全文展现了王安石"尽吾志"以至于"无悔"的积极进取精神。

到了乌江县，王安石去寻楚汉争霸遗迹，参观了西楚霸王庙。项羽被刘邦打败后曾逃至此处，项羽自觉"无颜见江东父老"，自刎而死。唐代诗人杜牧在此留下一首《题乌江亭》，诗中说项羽不该因羞于见江东父老而放弃卷土重来的机会。王安石不以为然，和了一首七言绝句《叠题乌江亭》。

叠题乌江亭

百战疲劳壮士哀，中原一败势难回。
江东子弟今虽在，肯与君王卷土来？

王安石认为，即便霸王想重整旗鼓，那些将士也未必会响应。他对项羽不可能卷土重来的结局进行理性判断，显示出一个政治家的独到见解和睿智。

在舒州任通判的前两年，王安石几乎游遍了皖地的名山秀水。在此期间，王安石的心情非常郁闷，唯有同友人、同僚和兄弟们游山玩水时，心情才稍得舒展。那段时间，他留下不少吟咏山水和赠友迎送之作，如《独山梅花》《次韵酬朱昌叔五首》《望皖山马上作》《九井》《送灵仙裴太傅》《耿天骘惠梨次韵奉酬三首》《别雷国辅之皖山》《怀舒州山水呈昌叔》《过皖口》《幽谷引》等。

其中，《独山梅花》是他西游至宿松县时所作的一首七言律诗。

独山梅花

独山梅花何所似，半开半谢荆棘中。
美人零落依草木，志士憔悴守蒿蓬。
亭亭孤艳带寒日，漠漠远香随野风。
移栽不得根欲老，回首上林颜色空。

独山兀立于水中，四周僻静，无人游赏，山上荆棘密布。因此，这独山梅花无人欣赏、自开自落。诗中，王安石以独山梅花自喻，表明了他当时不得意的孤闷。

像王安石这般德才兼备之人，正当年轻有为之时，应让他们在朝廷大展身手，可朝廷的官僚格局使他们根本无法跻身于中央权力机构，以至人才被闲置。无论是处理政务还是游玩，王安石都强调一个"静"字。他在《和曾子翔授舒掾之作》一诗中写道："皖城终岁静如山，府掾应从到日闲。"因此，后人将王安石办公的地方称为"静山堂"。日后，王安石的官声甚高，但性格中"恬退"、不求"速达"的一面依旧如故。

当然，这些游历并不代表王安石疏于政务，不关心百姓疾苦，忘记为官的初衷与本分。彼时的官府与豪强大贾相互勾结，垄断市场，戕害百姓。百姓的处境十分困难，无人替他们说话，更无人为他们办事。在舒州这块昔日"土沃人良耕"之地，地主兼并和酷吏掊克同样严峻。目睹兼并恶演、民劳财匮、百姓困苦不堪的现实，王安石深感痛心。为探究弊政根源，他深入民间调查取证，看清了豪强兼并是造成国弱民穷的主要原因，并作《兼并》一诗。

兼并

三代子百姓，公私无异财。人主擅操柄，如天持斗魁。
赋予皆自我，兼并乃奸回。奸回法有诛，势亦无自来。
后世始倒持，黔首遂难裁。秦王不知此，更筑怀清台。
礼义日已偷，圣经久埋埃。法尚有存者，欲言时所咍。
俗吏不知方，掊克乃为材。俗儒不知变，兼并可无摧。
利孔至百出，小人私阖开。有司与之争，民愈可怜哉。

在诗中，王安石建议对兼并之家加以制裁和打击。他对农民满怀同情之心，为百姓感到担忧，想尽力为他们做些实事。面对农民窘迫的生活，他还曾向知州大人提出在舒州放青苗银两救民，却被一口拒绝。

走访了解后，王安石找到社会病根，责任感和使命感促使他进一步探索在地方上推广施行的济世良方。他始终没有放弃自己的主张，在《兼并》诗成之后，还写了《寓言》一诗，提出救济鳏寡孤独的一些具体方法。为了能向当地大户借银两救困，他到处奔波，但最终因未得到官方支持而告败。

因手中无权，王安石在舒州并未做出更多值得群众怀念的实事，可谓为政乏善可陈。王安石知道，自己手中没有实权，他的想法是不可能施行的。在舒州，他空有一腔热血，徒有一番远大理想，却无法实际发挥出来，常感到无能为力。眼看旱灾给百姓带来困苦，他只能空作感叹，表达自己的悲悯之情。

三年任期将要届满，王安石此次回京述职无业绩可言。但他还是对自己过去所经历之事以及所见所感做了一次总结，并用诗歌呈现出来。

王安石自小随父宦游南北各地，入仕后又经任两处地方官，接触到许多挣扎在死亡线上的平民百姓。面对厚颜无耻、贪婪搜刮民财的贪官，王安石常发感慨，为民鸣冤叫苦。他更是想亲自上阵，解决百姓遇到的种种难题。而残酷的现实却使他难以实现自己的从政理想，甚至不能为百姓做一点有益的事情。为此，他深感惭愧。

但毕竟在舒州度过了整整三年，王安石还是对这里充满了感情。仁宗至和元年（1054年）初，他在舒州任期已满，不得不离开。面对这里的山山水水，他依依不舍，临行时作了一首《别灊皖二山》。

别灊皖二山

乡垒新恩借旧朱，欲辞灊皖更踟蹰。

攒峰列岫应讥我，饱食穷年报礼虚。

自怪虚名亦自嫌

王安石在舒州做通判期间，祖母和长兄王安仁相继去世。未久，另一个兄长的妻子也去世了。亲人的接连去世，令他深感悲痛，心情十分压抑。刚过而立之年，家庭的重担全落在他一人身上。在舒州期间毫无政绩，家中又有烦琐事务忧扰，王安石身心俱疲，很想回趟家。

可是，朝廷给他发来诏书，令他迅速到京城参加一场考试，若考试合格，有晋升的机会。王安石颇感无奈，当即写下《舒州被召试不赴偶书》一诗。

舒州被召试不赴偶书

戴盆难与望天兼，自怪虚名亦自嫌。

槁壤太牢俱有味，可能蚯蚓独清廉。

"戴盆望天"，或指事不可兼施；或喻方法不对，难以达到目的；或形容难以出头，心怀苦闷。诗中的"戴盆望天"，当指行为与目的相悖，愿望不能达成。王安石不想进京参加此次考试，但他身为朝廷命官，公然抗命显然行不通，需先弄清事情缘由。经查问方知，原来是宰相文彦博向宋仁宗推荐了他。文彦博认为王安石"恬退守道"可堪大用，请求朝廷在他考试后征用为集贤院校理。

但出乎文彦博意料的是，王安石并未如期到京师参加考试，而是给宋仁宗呈上奏疏，申诉不能参加考试的情由，看能否得到皇上谅解。他在奏疏中写道："微臣的母亲年事已高，家里人口众多，她已无力照顾。且弟弟妹妹们已到婚嫁年龄，婚配一事也需年长者操持。另则，家庭经济困难，微臣不能不竭力扶助。若到京中任职，只怕家中老小无所倚靠。"宋仁宗将奏疏给文彦博，文彦博看了恼羞成怒，说了一句"鼠目寸光"，此事就此作罢。

王安石虽不用参加考试，但还需进京等待朝廷的新任命。此时，欧阳修已由外镇还朝，官复原职。此次，王安石终于见到神交已久、具有乡党之谊的文坛大家欧阳修。平日里不修边幅的王安石，在拜会这位前辈之前，也着意将自己修饰了一番，完全变成一个朝气蓬勃的雅士文人。二人相见，喜悦和激动之情自不待言。他们谈文学、谈政治、谈时事、谈未来，好不投缘。王安石给欧阳修留下的第一印象非常好。欧阳修觉得王安石学识渊博且有胆略，理想远大，脚踏实地，刚毅耿直，疾恶如仇，爱憎分明。

欧阳修最初有意推荐王安石为京城谏官，未曾想被他婉言拒绝。王安石回家后，觉得应向欧阳前辈解释清楚，于是写信《上欧阳永叔书》，说明自己屡次不试馆职之缘由。欧阳修又以王安石须俸禄养家为由，奏请朝廷任命他为群牧司判官。王安石勉强接受了这一职务。

群牧司主管朝廷公用马匹，判官为群牧司的副职。仁宗至和元年九月，王安石走马上任。群牧司判官负责的事务不多，有时要到各地查看战马、贡马的情况，再无其他事务。因此，后人戏称王安石为"汴京城内的弼马温"。

群牧司判官的俸禄虽高，但仍不够王安石养家，加上妻儿在京城多次生病，家中的经济状况已是捉襟见肘。苦闷之际，他写了一首《赠张康》，向友人诉苦。

赠张康

昔在历阳时，得子初江津。手中紫团参，一饮宽吾亲。
舍舟城南居，杖屦日相因。百口代起伏，呻呼聒比邻。
叩门或夜半，屡费药物珍。欲报恨不得，肠胃盘车轮。
今逢又坎坷，令子驰风尘。颠倒车马间，起先冰雪晨。
嗟我十五年，得禄尚辞贫。所读漫累车，岂能苏一人。
无求愧子义，有施惭子仁。逝将收桑榆，邀子寂寞滨。

通过此诗，可窥见王安石家境的窘迫。但王安石并不自怨自艾，他穷且志坚，不坠青云之志，仍以拯救天下苍生为己任。无论在何处任职，他都不贪财、不好色，廉洁自律，无私无畏，处事公正。

当时群牧司的主官称制置使，担当此任的便是包拯，他的同僚有韩维、吴充、司马光等人。朝廷承平日久，群牧司并无要紧公务处理，众人到了公堂之上，除例行公事外，做得最多的无非清谈。

这年初夏，群牧司院内的牡丹花开得甚早，姹紫嫣红、群芳争艳，引来蜂蝶翩然飞舞其间，衙门外的路人也忍不住驻足观赏。包制置使一时高兴，破天荒地举行了一场酒宴，与僚属饮酒赏花。

包大人铁面无私，向来不苟言笑，因此人们都说"看到老包笑一笑，比黄河清还要难"。如今，忽见包大人因那怒放的牡丹而笑逐颜开，群牧司的官员们心底也乐开了花。大家饮酒赋诗，一时之间，酒席宴上说说笑笑，气氛欢洽热烈。

酒席上，包拯向同僚们一一敬酒，连平日里不饮酒的司马光也架不住劝酒而勉强喝了几杯。唯有王安石，无论大家怎么劝都不肯喝。包拯笑道："人言'一生须几两？万事付三杯'，平日不饮无妨，今日须少饮。何必闹得'一人向隅，举座不欢'？"说罢，便亲自给王安石倒酒。王安石依旧用手挡着酒杯，坚持道："下官的确滴酒不沾，还望包大人海涵。"牡丹花丛中，两人四目相对，周围其他官员也看向他们，一时之间气氛很是尴尬。

包拯无奈，只好自己找台阶下，一面感叹："介甫不饮酒，今生怕是无缘体会这饮者之乐了。"一面重新落座。

事后，有人批评王安石固执，包拯只是微微一笑，解嘲似的说了句："有人说本官拗，谁曾想他才是真拗。"

的确，在王安石的处事原则里，从未有过"下不为例"之说。王安石"拗"的名声传开后，交际宴客便少了许多，更少了官场的迎来送往。他心无旁骛地投入书本里去。王安石苦读圣贤书，不尚奢华，生性俭朴，而这俭朴也已到无以复加的地步。他不修边幅，常年不洗澡，所穿衣服既脏又破，还不让人洗刷缝补，完全不是欧阳修第一次见他时那般。王安石与吴充、韩维相处友好，几乎天天在一起，两位挚友也难忍他浑身的恶臭，接受不了他那邋遢肮脏的外表。后来，三人协商后立下"君子协定"——彼此相约，每隔一个月洗沐一次，两个月修剪一次须发，但最终还是未能纠正王安石的坏习惯。

王安石在群牧司待得很无聊，读书累了就静下心来思考一些文艺理论问题，并盼以文会友，结识一些文坛名士。恰在这时，欧阳修出使契丹返回京城，于仁宗嘉祐元年（1056年）春在家里宴请一些友人，王安石应邀而往。在欧阳修府上，他见到诗人梅尧臣和学者沈括，还有颇有造诣的刘敞。此外，他的好友曾巩等人以及苏洵、苏轼、苏辙父子三人也在其中。

苏洵带着苏轼、苏辙到汴京准备参加礼部科考，听闻欧阳修回京，便专程来拜谒这位德高望重的翰林学士。欧阳修很是赞赏苏洵的《权书》《衡论》《几策》等文章，认为可与贾谊、刘向之文相媲美，于是向朝廷推荐。一时之间，公卿士大夫争相传诵，苏洵由此声名鹊起。

十九岁的苏轼首次出川赴京参加考试。翌年，以一篇《刑赏忠厚之至论》获主考官欧阳修赏识。

王安石是第二次与欧阳修见面，与他府上的客人全不认识，包括梅尧臣、沈括、刘敞等，都只闻其名，未见其人，对"三苏"则更加陌生，加上平日里很少与人交际，王安石不免有些拘谨。

欧阳修向众人介绍道："诸位友人，借此机会，我将年轻才子王安石介绍给各位，我们虽只有两面之缘，却神交已久。"而后，他又向大家介绍苏洵、苏轼和苏辙，并预言"东坡日后文章必独步天下"。王安石想，眼前的苏轼还只是个年轻后生，能得到欧阳修如此夸赞，必有过人之处，往后对他要多加关注，看看他到底有何等才能。

晚餐过后，欧阳修叫人拿来笔墨，在座的文人们研墨展纸，各表心志，互赠诗文。王安石写了一首七律《奉酬永叔见赠》，以酬谢欧阳修。

奉酬永叔见赠

欲传道义心虽壮，强学文章力已穷。

他日若能窥孟子，终身何敢望韩公？

抠衣最出诸生后，倒屣常倾广座中。

只恐虚名因此得，嘉篇为贶岂宜蒙！

此诗表达了王安石的远大志向及其对欧阳修的仰慕之情，壮心犹在道义，若文章至力穷之后，虽终身望韩公不能。后来，他在《上欧阳永叔书·二》中解释道，写首诗回赠不是班门弄斧，卖弄诗艺，只是欧阳修对自己的期望过高，想借此表达对恩公的感激之情。

既是一场士林聚会，免不了要各显其才，唱和一番。欧阳修一边吩咐人备好笔墨纸砚，一边向诸位说明："此次聚会以墙上的《猛虎图》为主题，各位题诗一首，看看哪位作得又快又好。"王安石想，这可是一展才华的绝好机会。他凝视着图中的老虎，虎身逼真强壮，灌注了一往无前的凛凛生气；两目眈眈而视，如刀光闪电；铁爪抓地，似有腾空而起之势。王安石凝神静思片刻，挥毫写就一首《虎图》。

虎图

壮哉非黑亦非貙，日光夹镜当坐隅。

横行妥尾不畏逐，顾盼欲去仍踟蹰。

卒然我见心为动，熟视稍稍摩其须。

固知画者巧为此，此物安肯来庭除。

想当盘礴欲画时，睥睨众史如庸奴。

神闲意定始一扫，功与造化论锱铢。

悲风飒飒吹黄芦，上有寒雀惊相呼。

槎牙死树鸣老乌，向之俛啄如哺雏。

山墙野壁黄昏后，冯妇遥看亦下车。

众人不甘示弱，纷纷展纸添墨，有的挥笔疾书，有的蹙额凝思，有的低声吟咏。随后，众人陆续完成，将作品放在一处共同评论。他们一致认为，王安石的诗写得最好。王安石深知画之妙，具虎之生气，又以虎为喻，抒写自己的雄心壮志，似乎他本人也有老虎欲腾空而起的力量。

不久，滁州人在丰山抓住一只罕见的纯色白兔，派代表千里迢迢送至汴京，赠予欧阳修，以表他们对这位原滁州知州的敬仰之意。欧阳修如获至宝，灵感一闪，又邀集京城名流新秀来观赏，作诗唱和。梅尧臣、苏洵、王安石、刘敞、韩维、裴煜等人应邀而至。众人中，梅尧臣最为年长，首唱作《永叔白兔》一诗。

永叔白兔

可笑常娥不了事，走却玉兔来人间。

分寸不落猎犬口，滁州野叟获以还。

霜毛蕟茸目晴殷，红绦金练相系挛。

驰献旧守作异玩，况乃已在蓬莱山。

月中辛勤莫捣药，桂旁杵臼今应闲。

我欲拔毛为白笔，研朱写诗破公颜。

此诗是梅尧臣的代表诗作之一，起句不凡，全诗以仙气为意，表达了他超逸俗世的高蹈心境和对闲适生活的渴慕之情。

苏洵亦为长辈，首和作《欧阳永叔白兔》一诗。他的诗作稍显拘谨，写到老兔不懂躲藏以致被捕，有无奈的叹息之声，也流露出渴望自由的情感。

除梅尧臣、苏洵、欧阳修之外，其他都是后起之秀。其中，由王安石先和，作了一首古诗《信都公家白兔》。

信都公家白兔

水精为宫玉为田，姮娥缟衣洗朱铅。

宫中老兔非日浴，天使洁白宜婵娟。

扬须弭足桂树间，桂花如霜乱后前。

赤鸦相望窥不得，空疑两瞳射日丹。

东西跳梁自长久，天毕横施亦何有。

凭光下视置网繁，衣褐纷纷漫回首。

去年惊堕滁山云，出入虚莽犹无群。

奇毛难藏果亦得，千里今以穷归君。

空衢险幽不可返，食君庭除嗟亦窘。

今予得为此兔谋，丰草长林且游衍。

诗中铺叙了玉兔在月宫中自由自在的快乐生活后，笔锋一转，将自己比作一只从仙宫坠落人间的白兔。描述玉兔在公家被喂养的困窘感受，表达它渴望被放归山林的迫切心情。此诗意境虚实相生，其表现手法明显比苏洵高明。

晚辈之中，韩维稍比王安石年长，他再和一首《赋永叔家白兔》。接下来是刘敞和诗《题永叔白兔同贡甫作》，刘攽和诗《古诗咏欧阳永叔家白兔》，裴煜和诗《戏作嫦娥责》。唱和诗虽多为戏作，但能从侧面反映出诗作者的品性。

此番聚会赋诗，使王安石在京城的名声更大了。之后，欧阳修再次上书推荐王安石，称其"学问文章，知名当世，守道不苟，自重其身"。

群牧司里看似平常，实则人才济济。在此当中，有不少震烁古今的名字：包拯、王安石、司马光……王安石在群牧司的两年里，司里大小属官都十分尊重他，司马光、韩维、吴充等人都与他相交甚好。尤其是韩维、吴充二人，像兄长一样关照王安石，帮他从故纸堆里走出来，结交不少好友，还改掉了他的一些不良习惯。

尽管如此，王安石还是感觉群牧司不宜久留，因为除了与文友们吟风咏月、作诗答对外，他很难有机会去施展自己的政治才华。因此，王安石再次申请外放，朝廷于仁宗嘉祐元年十二月，任命王安石为提点开封府界诸县镇公事。此官职也未有多大实权，王安石不愿干那些琐事，故写了一封《上执政书》。这篇长文让宰相看得头痛，加上他屡次上折奏请外放，且意向与态度一次比一次强烈，以致宋仁宗也甚感厌烦，最后御笔一挥，准了王安石的奏请。

黾勉敢忘君所勖

仁宗嘉祐二年（1057 年），三十六岁的王安石由群牧司判官改授太常博士，出任常州知州。朝廷命他五月离京，七月到任。消息传来，王安石掩饰不住内心的喜悦，随即赋一首《冲卿席上得行字》。

冲卿席上得行字

二年相值喜同声，并辔尘沙眼亦明。

新诏各从天上得，残樽同向月边倾。

已嗟后会欢难必，更想前官责尚轻。

黾勉敢忘君所勖，古人忧乐有违行。

王安石自认为在群牧司闲置了一年多，现今终于等到大展拳脚的好时机。这对心怀壮志、意欲在仕途上大展雄才的王安石而言，无疑是天大的好消息，他下定决心到常州后要倍加勤勉。

利用上任前的空余时间，王安石回了一趟临川老家。在盐步岭，有一座祥符观，内有九曜阁，登阁东向隔溪而望，只见汝水悠悠，北流彭蠡，文昌大桥连接两岸。隔水四十里处，山峦起伏，中有灵谷峰，山势耸峙，诸峰连抱，飞流映日，有如白练。王安石在此告祭祖先后，又观览灵谷胜景，发现他少年时代读书的隐真观已焕然一新。他打听后方知是知州裴建材吩咐人修葺过，裴知州还在盐步岭祥符观外侧筑起岘台。王安石触景生情，作了一首古体诗《为裴使君赋拟岘台》。

为裴使君赋拟岘台

君作新台拟岘山，羊公千载得追攀。

歌钟殷地登临处，花木移春指顾间。

城似大堤来宛宛，溪如清汉落潺潺。

时平不比征吴日，缓带尤宜向此闲。

　　仲夏，王安石前往常州上任。途径广陵，拜访了知州刘敞。他们是诗友，见了面少不了游览古都遗迹，作诗相赠。欧阳修曾做过广陵知州，为此地百姓做过许多有益之事，并在蜀冈中峰大明寺建有平山堂。坐此堂上，江南诸山历历在目，似与堂平，故取名平山堂。

　　刘敞邀王安石游广陵，平山堂是他们必游的景点。这一日，万里晴空，烈日炎炎。他们来到平山堂，凉风一吹，顿觉神清气爽。凭栏远望，三州秀丽的山水尽收眼底。他们时而指点江山，对未来满怀豪迈之志；时而忆古思今，纵论庙堂之高的政事。王安石激情澎湃，吟咏了一首《平山堂》。

平山堂

坡北横冈走翠虬，一堂高视两三州。

淮岑日对朱栏出，江岫云齐碧瓦浮。

墟落耕桑公恺悌，怀觞谈笑客风流。

不知岘首登临处，壮观当时有此不？

诗中盛赞在平山堂所见之壮观景象，称颂平山堂修建者的气魄和胆识。王安石眼观欧阳前辈给当地百姓带来的安居乐业之气象，认为欧阳公与魏晋时的政治家羊祜相比，更显风流雅致。此诗写景与叙事相结合，表达了王安石对恬静生活的向往。

刘敞读了此诗，连连称赞，觉得此诗天然古雅，意境绝妙。于是，在给欧阳修的书信中特意提起王安石的这篇佳作。欧阳修也甚是喜欢此诗，写信给王安石索要诗作，留作纪念。

王安石出生于官宦人家，但他走到何处都对农事感兴趣，尤其将农田水利建设放在工作首要位置。到常州后，他为给当地百姓谋求福祉，用上了在鄞县施行过的一套措施，打算根据常州的地势地貌兴修水利、开凿运河，以促进当地经济发展。

常州处于长江三角洲地带，大部分地区地势低平，湖泊星罗棋布，江河纵横交错，开凿运河、修建水利工程的难度极大。以前的官员都不重视这项工作，但并非他们不知其重要性，而是担心劳而无功，影响仕途。近些年，地方主官更换频繁，短短两三年为官一任，难以完成庞大的水利工程，谁都不愿"为他人作嫁衣裳"。因此，农田水利多年失修，积弊甚深，稍遇天灾，农业便大幅减产，严重时颗粒无收，百姓生活苦不堪言。

经过初步实地考察，王安石发现此处的状况与鄞县任上所遇到的问题相似。导致农民生活困苦不堪的主要原因是水灾时汪洋一片，没有办法及时泄洪；旱灾时，也没有引水抗旱的渠道。而地方官吏往往不顾百姓死活，每年除了向百姓收取租税外，从未有人真正为百姓做些什么。王安石了解后，下定决心要全力改变这一现状。他凭借自己在鄞县做知县时的经验，制订了修建泄渠、灌渠以及疏浚运河的完整方案，呈交给浙西转运使，请求批准，同时申请拨饷资助。

但是，这条运河穿越好几个县，工程浩大，转运使只允许王安石从浙西所属州县中征调一部分民夫，对其他所请皆置之不理。王安石很无奈，只能依靠常州财力独立完成。常州下属宜兴县的地方官曾劝说王安石"役大而亟，民有不胜"，不妨从长计议，可"令诸县岁第一役"，即让每个县轮流承担，每年只做一小部分，"虽缓必成"。但王安石并未听取这一意见。

仁宗嘉祐三年（1058年）初，王安石照例对常州所属地区进行更细致的考察研究，还专程去海门县"取经"。王安石有位好友叫沈兴宗，在海门任知县，为官清正。他在任时，兴修水利，筑堤挡潮，后人称其为沈公堤。王安石听闻知沈兴宗的业绩，十分欣喜，撰写《海门知县沈兴宗兴水利记》加以激赏，并亲自前往海门考察学习。可惜，此时沈兴宗已调离海门。王安石深感遗憾，在县城内稍作逗留便前往南通，顺便游览狼山。狼山虽不高，却因临江而立，在江海平原上突兀而起，显得气势不凡。再者，狼山处于长江入海处，东可望大海，西可眺长江。晴天，江天一色，飞鸟长空；雨天，烟雨朦胧，气象万千。王安石登顶眺望，只见长江之水汹涌而来，顿时心潮澎湃，迎风高吟《狼山观海》。

狼山观海

万里昆仑谁凿破，无边波浪拍天来。

晓寒云雾连穷屿，春暖鱼龙化蛰雷。

阆苑仙人何处觅，灵槎使者几时回？

遨游半在江湖里，始觉今朝眼界开。

此诗首句以谁凿破昆仑发问，起笔不凡，既引人遐想，又显气势恢宏；再写近景，春暖雷动，万物争春，生机盎然；后由实入虚，叙写感受，举首四顾，海阔天空；长啸一声，山鸣谷应。疏朗的环境的确使人眼界顿开，心胸豁朗。全诗通过远近虚实的景物描写，充分体现狼山的风貌和意境，又表达王安石的壮志和情怀。

为尽快实施农田水利和运河疏浚工程，王安石从南通匆匆赶回常州。可他刚进衙门就接到朝廷敕令，将他的职务与沈康对调，即王安石接替沈康任提点江南东路刑狱，沈康则接替他出任常州知州。看到新的任命，王安石有些慌乱，担心自己离去后水利工程可能就此中断，故心有不甘。他几乎可以断定，沈康将会知难而退。于是，他连忙上书朝廷，请求增加他在常州的任期。直到四月，朝廷仍未给出明确回复。更糟糕的是，江南已进入梅雨季节，他刚刚启动的工程不幸遭遇"大霖雨"，最终"民多苦之，多自经死，役竟罢"。

此事对王安石的打击很大，他伤心欲绝地写信给好友诉苦："今劳人费财于前，而利不遂于后，此安石所以悔恨无穷也。……方今万事，所以难成而易坏，常以诸贤无意耳。"言语间的无奈与不甘着实令人难过。

在王安石最苦闷的时候，好友王令专程到晋陵（常州治所）看望他，这让王安石心情大好。他准备了丰盛的酒宴招待这位莫逆之交，王令受宠若惊。

两年前，王安石自舒州被召入京馆职。路经高邮，对王安石仰慕已久的王令趁机作诗《南山之田赠王介甫》。王安石读罢其作品，欣赏之至，继而相约面谈。他们在高邮倾心长谈，成为莫逆之交，而后一直保持书信往来。

因相差近十二岁，王令在王安石面前一直谦称晚生，他说："王公为与晚生相聚，竟以如此大礼相待，是否有些过了？"

王安石笑道："夫子曰'有朋自远方来，不亦乐乎'，今日有故交从他乡特意前来，岂能有失敬意乎？"

王令忙道："人们常说读书人多拘泥于繁文缛节，而王公已入仕多年，待人还是这般多礼，当真为晚生树立了楷模。"王安石摇摇头，道："我虽混迹官场十余年，但为人处世之道却还是一窍不通。"

而后，他与王令谈起自己修建水利工程、疏浚运河的愿望和在常州遭到的冷遇，并发感慨：一个人无论何等勤勉，若得不到朝廷与同侪支持，欲以一己之力造福于民，都将举步维艰、一功难成！

王令劝慰道："在当今为官，王公您还事事为民着想，实在令人敬佩。您勤勤恳恳开挖运河，招来诸多非议，难道不是您想有所作为的明证？即便无圆满结果，您为民谋福祉之诚心也早已昭然天下。"

他们畅谈良久，不拘于文学，还涉及经学及天下事。王安石告诉王令，自己将就任提点江南东路刑狱。王令建议王安石上奏朝廷，不宜让从北方发配来的犯人去岗运船上服役，其水性不服。二人相谈甚欢，时间不觉间过得飞快。最后，王令请求王安石能题诗给自己留作纪念。王安石一时不知以何为题，一边夸赞王令的诗，说："读了你的诗，我心中顿生苍生垂泪之感叹"，一边拿出笔墨，写下《少狂喜文章》一诗。

少狂喜文章

少狂喜文章，颇复好功名。稍知古人心，始欲老蚕耕。

低徊但志食，邂逅亦专城。仰惭冥冥士，俯愧扰扰甿。

良夜未遽央，青灯数寒更。拨书置左右，仰屋慨平生。

王安石在常州苦苦支撑了九个月，直到沈康走马上任，才万般无奈地到江西饶州就任提点刑狱。他治理一方之理想再度被现实掩埋。

羞见琅邪有郗丹

　　饶州是人杰地灵、俊彦辈出之地。但在北宋时期，饶州仍属远离政治中心的偏僻地区，茶叶是当地人谋衣食、供赋役的主要物品。

　　王安石到任后，席不暇暖便想方设法尝试一些新的、有利于百姓的改善措施。他这个提点刑狱官不是地方行政主官，职责只是掌管刑狱之事，对所属州县其他官员实施监察。就其本职工作而言，王安石向来都是秉公执法，严格按照大宋律法办事。由于他的严谨固执，有时还有钻牛角尖之嫌。他在任期间遇到不少难断的案子，其中争议最大的当属"斗鹌鹑案"。

　　江东一带极其盛行斗鹌鹑。许多纨绔子弟以此炫耀实力，若有谁带着一只上好的鹌鹑走在街上，那当是一件相当夺目的事情。某一天，一个富家子弟提着鹌鹑在街上晃悠，正好被他的一个友人撞见，友人想买他的鹌鹑，可富家子弟对这只鹌鹑视如珍宝，说什么也不肯卖。事情至此，本是平淡无奇的，但没料想，友人趁他不注意竟偷走了鹌鹑。

　　富家子弟发现后十分生气，手持利刃追到友人家门外。两人一时起了口角，由于年少气盛，富家子弟失手把这位友人砍死了。此事发生后，当地官府捉拿富家子弟到案，以凶杀罪判处斩首示众。富家子弟的家人不服此判，上诉至江南西路提点刑狱司。王安石作为提点刑狱官，接到此案。他仔细分析案情，核验事发时的一些情况，对案子做了改判。王安石认为，拿走鹌鹑之人"按律，公取、窃取皆为盗"。其行为已经构成"盗"，依北宋律法，"追而杀之，是捕盗也，虽死当勿论"。于是，他将富家子弟凶杀定名为"捕盗"，依律不应该判死刑。

不仅如此，他还把此案的主审官弹劾一通，以"失入罪"论处。王安石的判决一出，立即引起轩然大波。主审官上告到京城大理寺，案件交由大理寺卿韩晋卿主持重审。他发现，王安石改判和弹劾原审官员之举有明显错误，偷拿鹌鹑虽算得上"盗"，但尚不至于要"追而杀之"，富家子弟凶杀罪名成立。

韩晋卿维持原判，他提出王安石应受降级处分，并请求以朝廷名义责令王安石公开检讨。宋仁宗作为一国之君，国事本就繁杂，此时又正为立嗣之事忧心，为了不使事态扩大，宋仁宗表示支持韩晋卿的裁决，但也下诏免了王安石的罪。

皇帝亲自出面调解，当事官员按例皆应上表谢恩。其他人都迅即上表，只有王安石拒不上表谢恩，他仍坚持说："下官的判决本就没错，为何要谢恩？"可见王安石有多固执。

不仅如此，王安石在提点刑狱任内不仅核审了许多疑难案子，还在饶州推行了榷茶法改革。

淮南（包括饶州）和江东诸路是北宋时期的主要产茶区。北宋朝廷改府为州时，就对这些产茶地区制定了专卖制度：置吏管理生产茶叶的园户，凡其属区所产茶叶一律卖给朝廷。产茶区皆设置茶场，生产的茶叶主要销售给茶商或用户，目的是为了垄断市场，获得巨额利润。朝廷还规定严禁私自买卖茶叶，违者一律治罪。这就是朝廷推行的官购商销交引法，或称"榷茶法"。

后来，交引法经过多次变更，加上地方实施过程中又出现走样的情况，茶法变得很是杂乱。为此，朝廷又对东南茶法加以规制，强调因地制宜，但"专卖"核心始终未变。而集中到各场院的茶叶，由于流转运送，价格十分昂贵，且经受风吹日晒雨淋，质量严重受影响。其结果为，北宋朝廷没有获得大利，却对产茶地区的茶农和居民带来极大损失。加上一些地方官员借机盘剥茶农茶商，中饱私囊，致使茶农茶商时常铤而走险，偷运贩卖。朝廷不得不派出缉私人员，查处那些贩运茶叶之人，相关纷争狱讼日益频繁。

王安石既了解榷茶法，又了解地方和茶农的情况。因此，他试图从根本上解决这类狱讼纠纷，提出改革榷茶法的主张。他上书朝廷，陈述榷茶法的利害关系，列举了榷茶法的十二大弊病。朝廷重视这些问题，但朝中也有许多官员认为沿用已久的榷茶法是祖宗成法，祖宗之法不可轻易改变。

朝廷的反对之声很高，但王安石立场坚定、态度坚决。他到江南西路各地茶区走访调查，向朝廷递交了一份论据充分的《议茶法》。文中指出："国家罢榷茶之法，而使民得自贩，于方今实为便，于古义实为宜。而有非之者，盖聚敛之臣，将尽财利于毫末之间，而不知与之为取之过也。夫茶之为民用，等于米盐，不可一日以无，而今宫场所出皆粗恶不可食，故民之所食大率皆私贩者。夫夺民之所甘，而使不得食，则严刑峻法有不能止者，故鞭扑流徙之罪未尝少弛，而私贩？私市者亦未尝绝于道路也。既罢榷茶之法，则凡此之为患，皆可以无矣。"

王安石心里清楚，要对江东诸路沿用已久的榷茶法进行改革，必定会损害一些人的利益，遭到他们的强烈反对，这是预料中的事。王安石指出，让百姓自由买卖茶叶，官府只管收取茶税，这样可以节省朝廷和官府的开支，能使茶叶正常流通，又可以增加朝廷的收入。同时，还可大大减少各类纷争讼案。他在论证这些观点时，援引了远古尧舜周孔的治世理论，并把儒家的伦理道德和观察的实际情况相结合，做到词言义密。

改革榷茶法并非王安石的本职工作，但他的建议还是得到了宋仁宗和朝廷中开明人士的赞同和支持。仁宗嘉祐三年秋，宋仁宗派王靖到茶区视察榷茶法的实施情况，调查结果与王安石所讲的完全一致。得到宋仁宗的充分肯定后，朝廷令韩绛、陈旭、吕景初等大臣在三司设置专门官署，商议解除对茶叶专卖的禁令。新茶法在东南地区开始施行，并在当年取得令人满意的效果。大量事实证明王安石的改革措施可行，新茶法不仅使朝廷的收入大有提高，还受到茶农茶商的普遍欢迎。

王安石分外的工作做得不错，而分内的工作却阻力重重，举步维艰。提点刑狱官的工作难点在于须对官员实施监察、考核及弹劾，这可是吃力不讨好的事情。王安石想改变饶州的吏治现状，因此惩治了一批办事马虎草率、结党营私的霸道官吏，处罚了一批因循守旧、投机取巧、阿谀奉承的保守官吏。他惩罚的方法也很特别，明知某位官吏犯了大罪，但不就他们犯的大罪实施惩处，而是以他们犯的小罪做出惩治。他的这种治理方法遭到不少人的反对，饶州上下闹得满城风雨。

王安石的吏制改革还未起步就遭遇失败。本想在饶州干一番对社会、对百姓有利之事，不料却给自己引来骂名，这使他非常沮丧和懊恼。他写信给欧阳修大诉其苦，而欧阳修则在给他的回复中说，望他重新考虑回任京官之事。

没过几天，朝廷又给王安石下了调令，要求他在十月前回京，担任三司度支判官。他接到朝廷的诏书，随即吟诗一首《江东召归》。

江东召归

昨日君恩误赐环，归肠一夜绕钟山。

虽然眷恋明时禄，羞见琅邪有邴丹。

诗中借用西汉邴丹为养志自修而辞官的典故，表明自己要效法古贤，做一个品行端正、操守高尚、不恋官禄之人。王安石不是那种一旦得到朝廷官职就得意忘形的人，他的政治雄心始终隐藏在他既自信又谦虚的心灵深处。他将自己与古代那些不图名不为利的高洁之士相比较，又感惭愧，觉得自己做得还远远不够。

王安石将这首诗寄给欧阳修一阅，欧阳修最能理解王安石当时的心情——不想做这个无聊的提点刑狱官，也不想做终日无所事事的京官。王安石在给宰相富弼的一封信中说，请"载赐一州，处幽闲之区、寂寞之滨。其治民非敢谓能也，庶几地闲事少，夙夜悉心力，易以塞责，而免于官谤也"。王安石的意图很明显，希望能安排他做一个管事的州官，哪怕地方小些、偏僻些都无所谓，望执政宰辅能满足他不算过分的心愿。但是，即便能改任，恐怕也非十天半月就能实现。他只得郁郁不乐地告别饶州，踏上新的征途。临行时写了一首《旅思》寄托愁思。

旅思

此身南北老，愁见问征途。

地大蟠三楚，天低入五湖。

看云心共远，步月影同孤。

慷慨秋风起，悲歌不为鲈。

此诗为《次韵唐公三首》的第三首，表达了王安石对未卜的前途深怀疑虑，不知将置身何处。在"看云心共远，步月影同孤"这两句意境幽远、对仗工整的诗句中，映射出他怀有一颗孤独而坚毅的心。他慷慨咏秋风，悲中又显其豪壮。

第四章

上书变法，力克逆阻当先锋

　　王安石此次回到汴京，离皇帝越近，他的改革主张对宋神宗的影响也越发明显。多年前呈献给宋仁宗的言事书而今受到宋神宗重视，君臣二人对整肃朝纲、为民谋福、重振国威都怀有炽热而迫切的心，在朝中大臣的反对声中愈发坚定了变法的决心。

黾勉始今秋

仁宗嘉祐三年十月末，王安石心怀忐忑回到汴京，郁郁不乐地就任了三司（盐铁、度支和户部）度支判官一职。三司长官称三司使，掌管朝廷财赋的统计与支调。三司是权力仅次于中书省和枢密院（分掌一国行政、军事）的重要机构。度支判官的职责是"掌天下财赋之数，每岁均其有无，制其出入，以计邦国之用"，职权极大，对宇内财赋情况了解得也颇为透彻。

但王安石对自己的本职工作知之甚少，漠然置之，甚至可以说对"度支审计"一窍不通。他不愿放低身架去适应这一工作，因为他本就未打算在此虚度光阴。但王安石一刻也未闲着，对"庆历新政"的失败进行深入分析，对历史上变革案例的成败得失加以借鉴和思考，结合自己十几年从政感受，写成洋洋万言的奏疏——《上仁宗皇帝言事书》。他想要的是富国强兵，想做的是改革变法。过去十九年，他拒绝到离皇帝更近的京中担任相对务虚的官职，坚持在地方，为的是多干实事，以此深入民众、了解更多社会问题，摸索解决方法，形成较系统的改革思想。

在万言书中，王安石直陈北宋王朝面临的严峻局面："顾内则不能无以社稷为忧，外则不能无惧于夷狄。天下之财力日以困穷，而风俗日以衰坏，四方有志之士，諰諰然常恐天下之久不安。"经济困窘，国防安全堪忧，国家处于积贫积弱、苟且偷安之势而不能自拔。在如此严峻的形势下，朝廷势必要有所行动。

万言书中，王安石较系统地提出变法主张，阐述问题原因及为政之要："患在不知法度故也。今朝廷法严令具，无所不有，而臣以谓无法度者，何哉？方今之法度，多不合乎先王之政故也。……然臣以谓今之失患在不法先王之政者，以谓当法其意而已。……法其意，则吾所改易更革，不至乎倾骇天下之耳目，嚣天下之口，而固已合乎先王之政矣。……因天下之力，以生天下之财，取天下之财，以供天下之费。"他认为，症结在于为政者不懂法度，解决的根本途径在于效法古圣先贤之道、改革制度。同时，推行富国强兵政策，从而扭转积贫积弱的局面。他以晋武帝司马炎、唐玄宗李隆基等人只图"逸豫"、不求改革而终于覆灭的事实为例，大声疾呼："以古准今，则天下安危治乱尚可以有为，有为之时莫急于今日。"

然而，王安石的这一改革宏论并未引起宋仁宗重视。皇上只夸赞他的文章写得恳切、有文采，却对文中的改革内容缄口不提。王安石知道，宋仁宗不是不想改革，而是"庆历新政"的失败使他变得保守起来，况且他已至暮年，许多事都已不在他的掌控中。要在改革与稳定之间做出选择甚是艰难，作为一国之君，显然，稳定对他而言更重要。

朝中为王安石的文章叫好的人很多，而支持他改革主张的人却寥寥无几。这让他沮丧又困惑，发出知音难觅、明君难遇之叹。他将自己的忧思苦闷化为诗句，作成《明妃曲二首》，以表心志。

明妃曲二首

明妃初出汉宫时，泪湿春风鬓脚垂。

低徊顾影无颜色，尚得君王不自持。

归来却怪丹青手，入眼平生几曾有。

意态由来画不成，当时枉杀毛延寿。

一去心知更不归，可怜着尽汉宫衣。

寄声欲问塞南事，只有年年鸿雁飞。

家人万里传消息，好在毡城莫相忆。

君不见咫尺长门闭阿娇，人生失意无南北。

明妃初嫁与胡儿，毡车百两皆胡姬。

含情欲语独无处，传与琵琶心自知。

黄金捍拨春风手，弹看飞鸿劝胡酒。

汉宫侍女暗垂泪，沙上行人却回首。

汉恩自浅胡自深，人生乐在相知心。

可怜青冢已芜没，尚有哀弦留至今。

王安石的这两首诗，不在描绘王昭君的美貌、面容、体态上穷尽笔力，而是着重写昭君的风度、情态之美，以及这种美的感染力，从而宣泄她内心的悲苦之情。

王安石不是在考证历史、评论史实，只是借此事来针砭时弊，以王昭君的一片公心自励，即便不为人识，也不能以恩怨易心。这是隐晦地表露心迹，王安石的改革大志不会因为"君不识"而舍弃。

"人生乐在相知心"，多少人渴望如此，可惜王安石一时还难以享受这种快乐。他继续做三司度支判官时，朝廷却于仁宗嘉祐四年

（1059年）五月加授他入直集贤院（贴职）。这是一种荣誉，有名无实却让许多文士羡慕嫉妒，使王安石的人际关系更加恶化。但王安石并未过分看重这份荣誉，还是像以前一样，三番五次上书请辞。

朝廷拿他没办法，只得再次改任他为同修起居注（郎官），即负责修撰皇室起居注。这是一个清要的官职，且晋升的机会大。王安石还是再三推辞，不肯受命。朝廷又派专人将任命书送至王安石家里，他竟躲进厕所不肯见诏。来人对王安石的夫人吴氏说："为何不强令应召？"吴氏回答："士各有志，况且夫为妻纲，为妻者怎好强迫他呢？"王安石以不足于养为由，打算辞官回家。吴氏劝勉他："若从道义上讲，你该辞官归家，那我是不会有不安的。"

同修起居注虽无实权，但离皇室和皇帝近。众所周知，离皇帝越近，晋升的机会也就越多，哪天龙心大悦，平步青云也并非不可能。这项任命令王安石哭笑不得，因为他从不贪图清闲，也不图有朝一日一步登天。可终究还是未能躲过去，他只得硬着头皮上任。这是八月前后的事了。

在一众朝廷官员中，王安石原本就十分固执、清高孤傲、生活随意、不拘小节、不修边幅，加上同僚、友人的宣扬、渲染，他完全成为众人眼中的"怪人"。而有关他的"怪事"也不断在京城流传。

据说有一天，宋仁宗心情不错，举办了一次"赏花钓鱼宴"，将能请的京官都请到御苑，领略原汁原味的皇室情调。宴会上有赏花和钓鱼，官员们可依自己的喜好任选其一，以尽雅兴。王安石也在其列，他对赏花兴趣不大，选了钓鱼。皇宫内侍将备好的鱼饵盛在盘中置于几案上。这鱼饵是经过精心调制的，色香俱全，不仅能引诱鱼儿上钩，而且人闻到这个香味都会产生食欲。

其他人都拿着自己那一份鱼饵垂钓去了，只有王安石还在几案边若有所思地坐着不动。闻到这特殊的香味，他竟下意识地抓起一粒鱼饵放进嘴里细细品尝起来。这一尝不打紧，居然对上了胃口，不知不觉间将一盘鱼饵吃了个精光！

此事很快传到宋仁宗耳中。次日，宋仁宗很纳闷地对宰辅讲起此事，并说："王安石这人怪啊，误食鱼饵一粒也就罢了，可他竟吃下了一整盘，不合乎情理嘛！"由此缘故，宋仁宗也不喜欢由王安石来做这个同修起居注。

按照惯例，同修起居注只能按最初的记录不做任何修改地加以归类整理，但王安石却提出异议，认为既为修撰，那修撰者就不可能不对原记录做必要修改，有权抉择记事的详略与取舍。王安石做同修起居注，竟一下子把本朝遵循了几十年的惯例打破了。

王安石来京城后并未得到重用，他以古贤为楷模，时常自我激励。任同修起居注不久，便写了一首五言律诗《贾生》。

贾生

汉有洛阳子，少年明是非。

所论多感概，自信肯依违。

死者若可作，今人谁与归。

应须蹈东海，不但涕沾衣。

此诗是王安石借西汉贾谊在朝中被权臣排挤的不幸命运，来表达他对现实的忧虑，表明了王安石坚定的法家立场，宣扬了他的改革思想。同时，通过对"少年"贾谊的称赞，表达了他重视新生力量的反保守精神。

是年秋，文坛有影响力的几位人物，梅尧臣、吕公著、韩维、王安石等又在欧阳修那里雅集。大家在一同谈论为官之道，谈论文学风尚，又吟诗唱酬，气氛很是活跃。这时韩维任知制诰，也曾为同修起居注，王安石便向他请授经验。韩维给他"四字箴言"：充耳不闻。王安石大受启示，聚会后作了一首《韩持国见访》。

韩持国见访

余生非匏瓜，於世不无求。弱力惮耕稼，衣食当周流。

起家始二十，南北今白头。愁伤意已败，罢病恐难瘳。

江湖把一节，屡乞东南州。治民岂吾能，闲僻庶可偷。

谬恩当徂冬，黾勉始今秋。岂敢事高塞，茫然乖本谋。

抚心私自怜，仰屋窃叹惆。强骑黄饥马，欲语将谁投。

赖此城下宅，数蒙故人留。揽衣坐中庭，仰视白云浮。

白云御西风，一一向沧洲。安得两黄鹄，跨之与云游。

此诗表明了王安石想要努力摆脱入夏以来"愁伤意已败，罢病恐难瘳"的感伤情绪，力图重新振作的意图。读者能从中直观地读出王安石欲调适自己心态的努力。

敢嗟吾道独难行

王安石利用每日闲散时刻，一头扎进故纸堆，研读史书，研究史上一些革新派人物，着重精研古今名人的穷通之数。长期的投入使他对此颇有心得。在与友人交谈中，他说："身犹属于命，天下之治，其可以不属于命乎？"这些年，王安石一直在等待一个机会。这种等待对他来说是痛苦的，他心急如焚，却又无可奈何。

王安石感到孤单，甚是想念老友曾巩，想和他说说心里话。曾巩时任太平州（治所在今安徽省马鞍山市当涂县）司法参军，欧阳修和王安石希望他回京任职，但被曾巩婉拒。王安石作《寄曾子固》一诗，抒发心中的惆怅。

寄曾子固

斗粟犹惭报礼轻，敢嗟吾道独难行。

脱身负米将求志，戮力乘田岂为名。

高论几为衰俗废，壮怀难值故人倾。

荒城回首山川隔，更觉秋风白发生。

仁崇嘉祐五年（1060 年），曾巩被召还京，任馆阁校勘、集贤校理。在职期间，他理校出《战国策》《说苑》《新序》《梁书》《陈书》《唐令》《李太白集》《鲍溶诗集》和《列女传》等大量古籍，也为王安石提供了不少典史资料。王安石借助这些翔实的史料，写了不少短小精悍的文章，如《原过》《子贡》《鲧说》《伯夷》《读〈孟尝君传〉》等。他兼取韩非的峭厉、荀子的富丽和扬雄的简古，融会贯通后再一反传统之见，发前人所未发，形成峭刻幽远、雄健刚直、简率自然的独特风格。这些创作都为他推行改革做了文学上的铺垫。

这一年，他还写了《示长安君》一诗。

示长安君

少年离别意非轻，老去相逢亦怆情。
草草杯盘供笑语，昏昏灯火话平生。
自怜湖海三年隔，又作尘沙万里行。
欲问后期何日是，寄书应见雁南征。

长安君为王安石妹妹王淑文之封号。多年来，王安石仕履匆匆，其妹也随夫远宦，兄妹二人离多会少，此番短聚，也不知后会何期。诗中将这番情景娓娓道来，言语浅显寻常，只是一些家常闲话，情意却格外亲切真挚，道出了兄妹情深。

仁宗嘉祐六年（1061 年）春，朝廷任王安石为工部郎中、知制诰、纠察在京刑狱。此次，王安石并未推辞，欣然领命。知制诰的职责是替皇帝起草诏书、命令和文告。王安石对这个职位还算满意，他写了《寄吴冲卿》一诗，表明自己的心情与思想动态。

寄吴冲卿

物变极万殊，心通才一曲。读书谓已多，抚事知不足。

与君语承华，念此非不夙。恨无数项田，归耕使成熟。

当官拙自计，易用忤流俗。穷年走区区，得谤大於屋。

归来污省舍，又继故人躅。相逢只数步，吏按常填目。

切嗟非无朋，阻阔嗟何速。孤危失所助，把卷常恨独。

虚名终自误，谬恩何见蹙。清明有冲卿，奥美如晦叔。

时谓当选升，屈指尚五六。揆才最不称，饕宠宁无恧。

殷勤故人书，纸尾又见勖。君虽好德言，我自望忠告。

易称动不括，传论大明服。进为非成材，罪恐不容赎。

岁残东风生，陕树尘黣麴。何缘一杯酒，谈笑相追逐。

此诗一开头就提到，事物变化多端，不可胜数，而内心只是稍稍领悟其中的道理。自认为已读了许多书，但遇事时才发觉还有很多不明白的地方。显然，王安石不只是说自己读书少，懂得的道理不够多，还重在强调读书要深究其理、探索万物的变化规律，便可神领意会。

此时的王安石还想着要重振宋仁宗当年的雄心壮志，借助皇帝的龙威再次掀起一场大变革。可是，五十一岁的宋仁宗已老态龙钟，既不能看又不能写，没有了壮年时期的斗志，也没有了自己的立场。对于朝中大臣有争议的问题，宋仁宗很少做出裁断，见哪一方支持者多，就站哪一方。这样的情形令王安石大失所望。而他想改变朝中这一风气，故以耿直的方式向皇帝建议，在言语上难免冒犯宋仁宗，宋仁宗认为王安石不适合在京城阁院为官。

朝廷规定舍人院不得申请删改诏书文字，王安石认为立法不该如此，据理力争，于是又得罪了一帮王公大臣。当时曾公亮和韩琦共为同平章事，欧阳修为参知政事，司马光为知谏院，他们劝说宋仁宗让王安石留下。这几个执掌朝中大权的重臣发现，宋仁宗处事变得优柔寡断，拖泥带水，因此一再力请立储。

宋仁宗之子夭亡，曹皇后早年收养了宋太宗赵光义的曾孙赵宗实为嗣子，他是立储的唯一人选。宋仁宗本想再拖一拖，子嗣之事折磨他数十年，想着万一能老来得子。但在众大臣劝谏的压力下，只得咬牙同意。

仁宗嘉祐七年（1062 年）八月，宋仁宗命翰林学士王珪草诏，立赵宗实为皇太子，并改名赵曙。但赵曙从未有做皇帝的想法，喜从天降，令他一时反应不过来，三番五次地想辞掉太子之位，且态度坚决。后在众人劝说下勉强入主东宫，但也是做一天和尚撞一天钟，若有更合适的皇储人选，他便随时准备请辞。

宋仁宗立储后，觉得没有了后顾之忧。人的精神一旦松弛，疾病就会"接踵而至"。没过多久，五十二岁的宋仁宗就预料到自己命不久矣，于是写下遗诏。

仁宗嘉祐八年（1063 年）三月，北宋第四任皇帝赵祯驾崩于福宁殿，遗诏皇太子赵曙即位。十月，赵祯被安葬于永昭陵庙，庙号仁宗。次年改元治平，即 1064 年为治平元年。

宋仁宗赵祯之死，举国同悲，连敌国皇帝也号啕大哭。对于王安石而言，悲痛更多了几分，预示他的改革将遭遇重创，政治前程充满变数。

赵曙刚登基，一场"清君侧"的政治斗争就开始了。王安石不想卷入这场斗争，便向朝廷递交辞呈。还未等朝廷批复，他就收到家中传来的噩耗——母亲病故。按例，王安石应回乡丁忧，朝廷不准辞都不成了。八月，王安石怀着悲伤的心情，怆然离开京城，扶母亲灵柩归葬于江宁牛首山。

丁忧例制为三年，因此王安石在江宁度过了一段哀戚悲伤却自由简朴的生活。江宁，在王安石眼中是第二故乡，也是江南一座美丽优雅、魅力无穷的地方。钟山郁郁葱葱，气象万千；玄武湖水天一色，波光粼粼；秋天的栖霞山红叶遍野，五彩缤纷。这里的每一座山、每一条河，都那么令人向往；这里的每一座桥、每一座塔，都值得亲自去走一遭。王安石每次与友人登山时，都会文思泉涌，故留下许多优美诗章。身居六朝古都，眼前的一切不能不引起王安石对历史上朝代兴替、人亡政息的深深思索，他常发思古之幽情，作了许多叹历史兴亡的诗词。如《南乡子·自古帝王州》一词。

南乡子·自古帝王州

自古帝王州，郁郁葱葱佳气浮。四百年来成一梦，堪愁。晋代衣冠成古丘。

绕水恣行游，上尽层城更上楼。往事悠悠君莫问，回头。槛外长江空自流。

这首词的大意为，登高远眺，往事一幕幕浮现于脑海。青山绿水仍旧在，只是已枉然。千百年来，英雄豪杰打拼下来的基业，总是经不起时光的流逝、岁月的消磨，那些往事如同滚滚江水一去不返。此词在表达昔盛今衰之感的同时，还把王安石非常复杂的心境暗含于诗作之中：或再上层楼，创立一番功业；或就此归隐，安逸度过余生。他内心很纠结，左右为难。

秋色越来越浓时，王安石对亲人的思念也越来越深切。他的几个兄弟都回家守制了，但妹妹们却不能回。重阳节，王安石写了一首《九日登东山寄昌叔》。

九日登东山寄昌叔

城上啼乌破寂寥，思君何处坐岧峣。

应须绿酒酬黄菊，何必红裙弄紫箫。

落木云连秋水渡，乱山烟入夕阳桥。

渊明久负东篱醉，犹分低心事折腰。

　　昌叔是王安石的妹夫。显然，王安石不只是"思君"，更重要的是思念妹妹。此诗通过写登山所见的实景以及由此展开的联想，虚实结合，寄托了对亲人的思念，也表达了自己的心志。王安石已想明白，仕与隐是统一的，他更看重士大夫积极入世的价值追求，不会学陶渊明真正归隐。

　　在丁忧期间，王安石还在江宁开馆授徒。此时的他没有政事烦扰，没有各种案件卷宗牵绊。他在绿荫环抱的家中读书、写文章，陪伴他的只有书卷、友人和学生。他授徒的方式颇为随意，每日同友人、学生讨论学问，畅所欲言。这种轻松自由的日子，是他从未享受过的。遇上好时节好天气，他就同友人、学生们去登山游水。《自金陵如丹阳道中有感》便是他于英宗治平三年（1066 年）春游丹阳途中所作。

自金陵如丹阳道中有感

数百年来王气消，难将前事问渔樵。

苑方秦地皆芜没，山借广陵更寂寥。

荒埭暗鸡催月晓，空场老雉挟春骄。

豪华只有诸陵在，往往黄金出市朝。

　　教学之余，王安石聊发游兴，骑马东行游丹阳，沿途寻古访友。他在诗中大发慨叹，书写了对历史悠久的古都——金陵的总体感受，书写了盛极一时的王朝黄金散尽、人财两空的哀伤。王安石从独特的角度总结了历史兴亡之原因。

王安石的学馆开办未久，不少士子纷纷奔赴江宁求学，其中包括陆佃（陆游的祖父）、龚原、沈凭、蔡渊和徐君平等。当然，从学的还有王安石的长子王雱。这些年轻士子为王安石新学，即荆公学派的发扬壮大奠定了一定基础。

王安石依旧放不下改革的念头，在授徒过程中，他逐渐认识到，变法仅靠一人之力无法完成，培养人才是变法的基本前提。

英宗治平三年冬，守制结束后，兄弟们将各奔东西。他与兄弟们吟诗唱和，写了一首七言律诗《次韵和甫咏雪》。

次韵和甫咏雪

奔走风云四面来，坐看山垄玉崔嵬。

平治险秽非无德，润泽焦枯是有才。

势合便疑包地尽，功成终欲放春回。

寒乡不念丰年瑞，只忆青天万里开。

和甫为王安石六弟王安礼。次韵为古体诗词写作的一种方式，需照原诗的韵和用韵的次序来和诗。因此，首唱自然是王安礼。王安石的和诗将普济天下众生的抱负比作覆盖苍茫大地的白雪，寄托了他欲改善天下百姓困苦生活的理想，且"功成终欲放春回"一句体现了他有十足的信心。

总把新桃换旧符

英宗治平四年（1067 年）正月，宋英宗赵曙去世，其长子赵顼即位，为宋神宗。是年末，宋神宗下诏改元熙宁，次年，即 1068 年为熙宁元年。

宋神宗赵顼还在藩邸当太子时，就曾读到王安石写给宋仁宗的万言书，十分赞同王安石的观点。韩维为宋神宗老师，亦为王安石友人，常给宋神宗讲论经义，颇得其赞赏。每当韩维所讲的观点得到宋神宗称赞时，他就说："这不是在下之见，这是我友人王安石的高论。"宋神宗听得多了，对王安石更为倾心仰慕。宋代马永卿在其笔记《元城语录》中写道："当时天下舆论，以金陵（安石）不作执政（宰辅）为屈。"

是年闰三月，宋神宗起用王安石为江宁知府。接到诏书后，王安石那种朴素的情怀与以天下为己任的责任感，不知不觉又在心中激荡起来。这一年，王安石四十六岁。他壮志满怀，登临紫金山，尽览一城秋色，远眺江河，激起心中微澜，兴起而作《桂枝香·金陵怀古》。

桂枝香·金陵怀古

登临送目，正故国晚秋，天气初肃。千里澄江似练，翠峰如簇。归帆去棹残阳里，背西风、酒旗斜矗。彩舟云淡，星河鹭起，画图难足。

念往昔、繁华竞逐。叹门外楼头，悲恨相续。千古凭高，对此谩嗟荣辱。六朝旧事随流水，但寒烟衰草凝绿。至今商女，时时犹唱后庭遗曲。

这首词不但立意高远，刚健浑厚，化用前人诗句不着痕迹，且笔力遒劲、神采飞扬。在王安石的诗词中，这一首可能是色彩最浓郁，也是描写意象最多的。各个意象之间都有一定联系，它们共同编织成一幅完整而生动的秋景图。就算用最美的图画也难以囊括这幅清丽的图景所有的美。

此词有站得高、看得远之意，一反千古"谩嗟荣辱"的悲叹，寄意悠远。在历史长河中，逝水无关荣辱，一切终将被历史的长河冲走，无须哀叹，商女唱遗曲反而更能激发人们的斗志。这首词作不仅批判了六朝亡国之君的荒淫误国，还批判了吊古者的空叹兴亡，并预感宋神宗会带来一个新的时代。

新帝即位，通常都会对朝中大臣做必要的调整。神宗熙宁元年二月，皇帝下诏尊曹太后为太皇太后、高皇后为皇太后，封皇弟赵颢为昌王、赵頵为乐安郡王。又下诏命宰相韩琦守司空兼侍中，宰相曾公亮行门下侍郎兼吏部尚书，文彦博行尚书左仆射、检校司徒兼中书令，富弼改武宁节度使，张升改河阳三城节度使，欧阳修、赵概并加尚书左丞、仍参知政事，陈升之为户部侍郎，吕公弼为刑部侍郎。

宋神宗想调王安石入京任职，但担心被拒。王安石曾几次辞京官不做，无形之中增加了一种神秘感。宋神宗急于揭开这层神秘的面纱。有一日早朝后，宋神宗有些不解地问几位辅臣，为何王安石自先帝朝以来屡召不至？众人各抒己见，有的说他为人傲慢不恭，不屑于做京官；也有的说王安石乃哗众取宠之徒，有野心，不堪大用。

曾公亮说："王安石有宰相之才，若陛下信任他，以诚相待，他必将竭诚效忠，绝不会欺君罔上。"参知政事吴奎出班启奏，说："臣曾与王安石共事，此刚愎自用，行为怪异，若陛下重用他，必将导致朝政混乱。"韩琦也在一旁奏道："王安石的确读了不少书，做翰林学士，学问有余，但若要他进职宰臣，气量恐怕不足。且此人固执，只认死理，不知变通，恃才傲物，恐怕难以驾驭。"

宋神宗听了这三位所言，脸色一沉，很不高兴地说："众卿家对王安石有誉有毁，到底谁是可信的呢？看样子朕得亲自试一试。"他敏锐地发现，每逢重要人事任免时，朝中都有两派持有不同意见，他必须靠自己接近真相。

原来，朝中之所以出现截然相反的看法，是因曾公亮与韩琦素有嫌隙，相互嫉恨，互不买账。韩琦带兵多年，行事风格较霸道，又历三朝，如今担任宰相与枢密使之职，可谓权势盛极。曾公亮无论是资历还是政绩声望，都远不及韩琦，但在朝中的位置略高于韩琦，因此韩琦以前遇事总找曾公亮商议。而今，韩琦再不把曾公亮放在眼里，遇事也不再找他商量，曾公亮的宰相之位形同虚设。曾公亮心里很不服气，试图找个帮手结成同盟，与韩琦抗衡，最好是将他排挤出局。他想到的帮手就是王安石，王安石有才能、有胆识，堪当大任，还曾在韩琦手下未受重用。

曾公亮打好自己的"如意算盘"，向宋神宗保荐王安石，说他有宰相之才，极力举荐他进京。

宋神宗支持曾公亮，缘于他对韩琦心存芥蒂。韩琦在朝中以三朝元老自居，倚老卖老，处事独断专行。遇有政事，不与朝廷众臣商量，甚至对他这个皇帝都不屑一顾。一个臣子的威风盖过皇上，哪位皇帝受得了？但韩琦的确是有功之臣，宋神宗由太子顺利登上皇位也有他的一份功劳。宋神宗正思考着如何解决这个难题时，学士邵元、中丞王陶联名弹劾韩琦所作所为已超出一个大臣的权限，有僭越之嫌。

韩琦在宦海沉浮几十年，深得官场政治的精髓，哪会看不透年轻皇帝的心思。他对自己的处境一清二楚：两面夹击之下，唯有皇帝能拉他一把。于是，他主动上书，请求辞去宰相之职。

宋神宗看了韩琦的请辞书，颇为欣慰，但没有马上批准。这主要是顾及老臣的情面，表面功夫还是要做的。他在请辞书上写了一大段文字，盛赞韩琦为朝廷做出的贡献，并希望他能在这个重要职位上继续为朝廷效力。

但韩琦不久后又上书请辞说，自己的年龄非常大了，已无年轻时那般充沛的精力协助皇帝处理政事，请求皇帝同意他辞官归隐。宋神宗不明白，自己越劝，他越来劲，索性把官职全辞了，要回乡养老去。这又是为何？

其原因很简单，朝廷于九月下诏授王安石翰林学士，并要他尽快进京。韩琦敏感地察觉到皇帝要起用新人来支持变法的良苦用心，表面上虽有所挽留，但心里却希望他尽快把位子让出来。若自己还赖在这个位子上，只能成为众矢之的。而让出这个位置后依旧留在京城做官，难免听从新宰相驱使，且这位新宰相很可能是王安石。虽与王安石并未有私人恩怨，但韩琦自知是不可能屈居于王安石之下与他共事的。

宋神宗细细琢磨了一段时间后也猜出了韩琦的心思，没有准他辞官。可韩琦坚持每天一奏，从未间断。宋神宗见韩琦去意已决，下诏授韩琦司徒兼侍中，出任武胜军节度使，兼相州知州。与他关系密切的吴奎也被调出京城，到青州当知州。

韩琦、吴奎离京后，有人推荐张方平出任参知政事，御史中丞司马光极力反对。他认为，张方平才智平庸，虚谈不务实，不适宜出任参知政事。宋神宗不但没有采纳司马光的意见，反而撤了他的中丞之职，改任翰林学士，晋升张方平、赵概为参知政事，吕公弼为枢密使，韩绛、邵元为枢密副使。张方平因父亲去世丁忧回乡，由唐介接替张方平任参知政事之职。

神宗熙宁元年的春节将至，王安石的心情特别舒畅。见家家忙着准备过节，他联想到变法伊始的新气象，感慨不已，作《元日》一诗。

元日

爆竹声中一岁除，春风送暖入屠苏。

千门万户曈曈日，总把新桃换旧符。

此诗描写正月初一时人们喜迎新春的热闹情景。诗歌从新春佳节的欢乐气氛入手，抓住人们春节要做的三件事，即燃放鞭炮、喜饮屠苏酒和换新桃符，来表现春节的喜庆气氛和人们的喜悦之情。而"元日"也预示着新帝将给北宋带来新气象。

自古驱民在信诚

宋神宗是一位有理想的皇帝。他锐于学，励于志，心中有强国雪耻的愿望。当年还是太子时，他在东宫听讲学，常不满足于听侍讲、伴读讲解，而出其不意地提出问题，穷根究底，使讲经史的侍讲、伴读紧张得直冒汗。日过正午，他时常学而忘餐，内侍为此小心催促："殿下怕是饿了吧，该用午膳了。"而宋神宗却回答："听读兴致正浓，不感到肚饥。"直到宋英宗再派内侍传令休读，他才作罢。

在他继位之时，赵宋统治历经五代，已逾百年。北宋在立国之初确立起来的所谓"祖宗之法"，此时也显现出各种弊端，官场腐败盛行，财政危机日趋严重，百姓生活困苦，各地农民起义不断，再加上辽国与西夏的不断侵扰，内忧外患"接踵而至"。宋神宗想解决官场腐败的问题，让百姓脱离贫困，让军事强大，有足够的力量抵御外侵。然而，北宋是个以文人治天下的王朝，自太祖赵匡胤以来，崇文抑武即形成传统。

摆在宋神宗面前的是积贫积弱的国势，他对"祖宗之法"产生怀疑。面对前代遗留给自己的诸多难题，他开始思索如何才能摆脱眼前的困境。国难思人才，许多朝臣将北宋变法图强的希望寄托在当年上万言书的王安石身上。连街头巷尾都在传言："金陵王安石不做执政大臣，是王安石的不幸，也是朝廷的损失。"宋神宗岂能不知王安石对变法的重要性？

出于种种原因，宋神宗急召王安石进京，并特准他"越级进言"，不受朝仪限制。

王安石任江宁知州还不到一年，人们从各种各样的传闻中猜测他此去京城的前程。有人觉得他必得皇帝重用，有人觉得这只是象征性的升迁，说不定还是去当"弼马温"。不过，王安石对此次入京是很兴奋的，况且他已没有推辞的借口。母亲去世，弟弟妹妹们该成家的成家，该科考的科考。神宗熙宁元年四月初，王安石心怀推行改革的希望前往京城，一路上他都格外轻快。离开金陵时，他放飞心情，作了《出金陵》一诗。

出金陵

白石冈头草木深，春风相与散衣襟。

浮云映郭留佳气，飞鸟随人作好音。

草木青翠，春风和煦，空气清新，连鸟儿的叫声都听上去极为悦耳。王安石心情之欢愉轻快，溢于字里行间。他顾不得前路是否多艰，只想利用此次机会将胸中的改革宏图真正化为现实，为百姓造福。这也体现了他自信豪迈的一面。

王安石到达京城，便直奔宋神宗那里。这是一场少见的"君臣会"。一个是渴望重振朝纲的年轻皇帝，一个是满腹经纶的才子贤臣，为了同一个目标坐在一起，问答间时时碰撞出思想的火花。

君臣见过礼之后，宋神宗迫不及待地同王安石讨论起国事。他开门见山地问道："依爱卿之见，一个贫弱之国，如我朝，欲变法图强，当以怎样的纲领为是？"

王安石自上万言书以来，一直在探究这个问题，他坚信自己多年的求索能解决实际问题，胸有成竹地答道："依微臣之见，作为君王，当以尧、舜为法，以恢复先王圣政的气魄来破除因循守旧的势力，改革'祖宗家法'中已存在的弊端，实现富国强兵。"

宋神宗又问："治理国家，当务之急是什么？"

王安石直截了当地回答："以方法决策为要。"

宋神宗再问："唐太宗治国之法如何？"

"陛下，变风俗、立法度，当以尧、舜为法，而不是效法某个明君的具体办法。"王安石担心宋神宗没听懂，又补充道："尧、舜之法即谓天下必然规律，简单易行而又非常关键。后世儒臣不了解尧、舜的治国之术，致使衍生出的具体之法数不胜数，人们因此以为治国高不可测。"

宋神宗对王安石的回答非常满意。第一次晤面，君臣二人都有相见恨晚之感。王安石敏锐地觉察到，眼前这位年轻皇帝与宋仁宗、宋英宗不同，在他身上，有一股逼人的锐气和蓬勃向上的精神，同时还透出一股时隐时现的忧虑。

随后，君臣二人还就当时的内外形势、朝廷弊政、社会问题、改革重点及其迫切性等方面进行初步讨论。临别时，宋神宗谦逊地说："王爱卿，你的这番精辟言论对朕甚是有益。不过，朕恐怕达不到尧、舜那种高度。但愿你能尽心尽力辅佐朕，向那样的高度努力。"

王安石听罢大受触动，叩首说："陛下初登大位，志气非凡，如此信任臣下，臣愿誓死为朝廷效力。"宋神宗满意地点点头。

王安石从大殿出来，才发现自己出了一身冷汗。他自嘲地笑了笑，然后回家。到家后，他的心绪已平静下来，回想起刚才与皇帝的对谈，突然来了诗兴，作了《商鞅》一诗。

商鞅

自古驱民在信诚，一言为重百金轻。

今人未可非商鞅，商鞅能令政必行。

此诗不仅是替商鞅翻案，也是为变法正名，表现了王安石对于变法的坚定决心。他相信宋神宗是真心实意地想实行变法，便在这位年轻皇帝身上寄托了全部的改革希望。

未久，朝廷召王安石为翰林学士兼侍讲。这个职位并无实权，但对王安石而言非常重要，他有了更多机会向皇帝宣扬他的变法主张。

侍讲专掌皇帝进读书史、讲解经义，通俗说，就是给皇帝讲解经史课程。在这里讲课的人，不是朝中重臣就是博学鸿儒之士，皇帝参加听讲，朝中部分大臣也要陪同。利用如此难得的机会，王安石提出自己的人才之策和改革方案的基本设想，建议朝廷重视取士与人才。

一天，王安石的讲解结束后，群臣陆续散去，宋神宗将王安石单独留下，咨询变法措施。这对臣子来说，是一种莫大的荣耀。

在听取王安石关于政治、经济以及军事上的变法改革措施后，宋神宗被他深深折服。他向王安石问道："朕略观古圣，发现唐太宗必然要遇到魏征，汉昭烈帝必然要得诸葛亮辅佐，而后才有所作为。魏征、诸葛亮二人，都是不世出的人才。那么反而言之，若没有他们，帝王的功业是否就无法建立？"

王安石回答说："自古有圣君才有良臣，若君王不能做尧、舜之君，再能干的良臣也无法辅佐他建立功业。若陛下能做贤明君王，自然会有这样的贤臣聚拢左右，辅佐大业。大宋立国已百年有余，国家承平日久，加之朝廷强力推行崇文抑武、优待士人的政策，官员只要不犯错误，就能平稳升迁，这种政策导向使官员们都成了不求有功但求无过的庸官，以致国家在用人之际，却求而难得。殊不知，举国奇才异智之士无数，却不得登堂之门，举国上下不是没有贤德才智之臣供陛下驱使，而是门径未开。究其根源，还是吏制没有随形势和时间而加以变废。"

接着，王安石从发现人才谈到吏制变革，一针见血地指出国家积贫积弱的病根在哪里。这些观点再次引起宋神宗的强烈共鸣。他听了连连点头，表示赞同王安石的观点，也深感这些措施将在许多方面触及"祖宗家法"，阻力必然是巨大的。

但宋神宗心中的那团烈火已被王安石点燃。在他眼里，王安石的人品、学识、文才和吏能都是出类拔萃的。更重要的是，王安石意志坚定，有担当，对改革弊政有无可撼动的信心和系统的设想，用他来辅佐自己再合适不过了。

经过君臣几次对答，一场空前的大变革悄然拉开帷幕。

王安石成为宋神宗改革的先锋，在翰林院工作变得舒心起来。朝廷规定，每日必须要有翰林学士值夜，应对皇上的随时传召，以备不时之需，或咨询政务，或草稿拟发，或收发当夜外廷呈送的紧急封奏。第二年春天，王安石在翰林院值宿禁中的时候，面对良宵春色、剪剪轻风、金炉香烬、月移花影的一派风光，激起心中难以自制的波澜，兴奋挥毫写下七言绝句《夜直》。

夜直

金炉香尽漏声残，剪剪轻风阵阵寒。

春色恼人眠不得，月移花影上栏干。

这是一首政治抒情诗。王安石遇到赏识他并且主张变法的宋神宗，正是龙虎风云、君臣际遇的良机，大展宏图、实现理想之路触手可及。王安石为自己政治上的"春色"撩拨得不能成眠，借用爱情诗曲折地表达自己政治抱负将要实现的得意之情。

王安石的友人也将他比作贾谊和诸葛亮。挚友王介说道："草庐三顾动幽蛰，蕙帐一空生晓寒。"王安石虽不以贾谊和诸葛亮自居，但却坚信此番定会有所作为。他对王介之言一笑置之，随后写了《松间》一诗。

松间

偶向松间觅旧题，野人休诵北山移。

丈夫出处非无意，猿鹤从来不自知。

有人认为，王介借南朝宋不守隐士之节、出来做官的隐士周颙及诸葛亮为刘备三顾茅庐感动而出山的故事，暗讥王安石为功名富贵所动，不能复守隐逸之士的志节。但是赞是讽，他都毫不在意，也不曾想过以隐士自居。他主张有所作为，有兼济天下之志，入仕正是为了有所作为，而不是谋取富贵。

神宗熙宁元年夏末，王安石呈《本朝百年无事札子》给宋神宗，开头先历数了宋神宗之前五位皇上的事迹，大赞宋太祖的"上智独见之明"，大赞宋太宗的"聪武"、宋真宗的"谦仁"，以至宋仁宗和宋英宗又都"无有逸德"，因此才有本朝"享国百年而天下无事"的和平安宁。接下来是宋神宗。王安石说，皇上早晚相处的，只不过是宦官宫女，处理政务也总纠结于各部官吏们细小的事。还指出朝廷里存在的诸多问题：君子小人混杂，用人不当；天下形势复杂混乱；选拔人才方法不当，学校培养不出人才；吏治腐败，监察机构不作为；国无强兵，兵无强将，恶人当道，好人遭殃；百姓苦于苛捐杂税，朝廷又不为百姓办实事；军队掺杂着老弱病残，京城禁卫部队尽是地痞无赖；皇亲国戚疏于管教；治理财政，大抵没有法度可循。随后指出，节俭不如开源。在深层上阐释了宋初百余年间太平无事的原因，指出当时危机四伏的社会问题，期望宋神宗在政治上有所建树，认为"大有为之时，正在今日"。王安石在札子中所言之大胆、所言之义无反顾，大有舍生取义的豪气。他披肝沥胆，真正做到一个臣子的本分。

入秋后，王安石某天闲来无事，又去游览西太一宫，作了《题西太一宫壁二首》。

题西太一宫壁二首

柳叶鸣蜩绿暗，荷花落日红酣。
三十六陂春水，白头想见江南。①

三十年前此路，父兄持我东西。
今日重来白首，欲寻陈迹都迷。

时隔三十二年，王安石重游西太一宫，眼前的陂水像江南春水那般明净，因而联想到江南。此时，他已年届五旬，亲人已不在身边，感慨岁月流逝之快。他抚今追昔，抒发对亲人的思念：既有对

---

① 另有一版本，诗为"草色浮云漠漠，树阴落日潭潭。三十六陂流水，白头想见江南"。

当年与父兄同游之乐的无限回望、眷恋，又有对亲人的思念。

是年冬，宋神宗决定启动庞大的改革工程，首先将先锋王安石变为主力军。但王安石只是一个区区五品的翰林学士兼侍讲，让这么一个小官主持变法，推动全国的政治、经济、军事等诸多方面的改革，显然是不可能的。宋神宗准备任用王安石为谏议大夫、参知政事。

一日早朝，群臣参拜后，宋神宗环视朝堂，第一句就说："朕准备擢升翰林学士王安石为参知政事，让其主持变法，不知诸位卿家意下如何？"

司空兼侍中富弼首先出班，说："陛下，王安石毕竟太年轻，他屡次在奏章中大谈朝廷今日之财政与人才问题，有些年轻气盛，缺乏理性。"

殿中侍御史吕诲与王安石并无交集，且无多少主见和才能。在朝中，他算得上"和平使者"，与当朝许多老成持重的官员关系融洽。他出班奏道："臣以为，皇上可采纳王安石提出的某些建议。但大宋天下成法已具规模，且沿用至今，怎能因几篇书生之论而轻易更张呢？若改革不当，岂不成了兴风作浪、败坏'祖宗家法'之举？"此言话不投机半句多，王安石的各项建议都涉及"祖宗家法"的弃与留，采用则必废祖法，要么均不采用。

参知政事唐介直接说："王安石很难担此重任。"

宋神宗问："那是为何？难道是因他在经术、史事、文学等诸方面有所缺憾而不值得委以重任吗？"

唐介回答："众所周知，王安石勤奋好学、诲人不倦，但他做事拘泥于前人，思想古板，每遇议论之时，他的思想和行为都不切合实际，若让他辅佐您处理朝政，恐怕会出现变故和反复。"

但是，宋神宗坚定地说："王安石出任参知政事，朕心意已决，此事勿容再议。变法已势在必行，望众卿仅就如何变法发表高见。"

这天夜里，北风呼啸，细雪如尘。不知是因为太冷还是因为激动，王安石一宿无眠。到东方微曦时，他作了一首《钓者》。

钓者

钓国平生岂有心，解甘身与世浮沉。

应知渭水车中老，自是君王著意深。

王安石引用姜太公钓鱼的典故，抒发了对宋神宗的知遇之恩和自己辅佐皇帝的远大抱负。王安石坚信，有才智之人总会得到开明圣主的青睐、理解和重用。

次日，王安石将自己写的诗呈给宋神宗。宋神宗看了此诗，改革的决心也更加坚定，他相信重振朝纲、革除时弊就在今朝。

第五章

执掌朝纲，大刀阔斧推新法

为振奋朝纲，宋神宗接连拔擢王安石，给予他极大的信任与权柄。王安石有了大展身手的机会。他设立新机构，提拔变法支持者，着手拟定新规，推行新制度……改革的热潮在举国上下掀起一浪又一浪，尽管反对声从未停止，但宋神宗与王安石的改革意志始终没有动摇。

唯圣人能轻重人

神宗熙宁二年（1069年）二月，宋神宗准备举行登基以来的第一次郊祀。郊祀包括赏赉、器物、建筑、仪仗等，费用支出很大。按照惯例，每年参加祭祀活动的百官都将收到皇帝赏赐。宰相曾公亮认为，由于去年河朔地区发生的大面积的旱灾，财政匮乏，建议今年郊祀大典的赏钱减免。

宋神宗心想，自己刚即位，头一回郊祀就把赏钱减免，实在有损颜面。但国库空虚，入不敷出，已到捉襟见肘的地步，实在想不出什么办法。于是，他在朝堂上征询众臣的意见。

同谏院司马光首先表态，宰相曾公亮等人的倡议非常好，建议将节俭下来的钱用于救灾，并要求从近臣、达官显贵做起，请皇帝诏令大倡节约。

朝堂上，刚升任参知政事的王安石对司马光的说法提出异议。他做过三司度支判官，哪会不知国库空虚，但他说，皇帝郊祭给百官打赏具有象征意义，不能随意减免。国库空虚也不是靠减免赏钱能弥补的，免了只会有损皇家颜面，有伤国体。况且，只靠节约减轻国用、弥补不足，也不是当务之急。

司马光抓住王安石这番话的破绽，反驳道："大宋自仁宗末年始，国家财用不足的问题就已经很严重了，当今皇上急于改变积贫积弱的现状，把增资节流视为国策，怎能说不是当务之急呢？"

宋神宗见两位大臣各不相让，据理力争，且所言都有些道理，索性让大家辩一辩。他对众臣说："理不辩不明，既然是廷议，不妨各抒己见，畅所欲言，朕向你们允诺，言者无罪。"

王安石和司马光皆为宋神宗准备重用的大臣，王安石见皇帝鼓励辩论，首先说道："节约并不能从根本上解决国用不足的问题，而治本之事在于开源，在于理财。"他认为，国库空虚是由于朝中大臣不懂理财之道，不知该如何管理财政而造成的。若只提倡节流而不懂得如何开源和理财，就毫无意义可言了。

司马光反驳道："所谓理财，实为敛财。无非是变着法子从百姓身上多敛钱财罢了，其法子也无非是增加苛捐杂税、狂征暴敛，除此之外尚且不知还有其他妙法。"

王安石辩道："靠横征暴敛增加国家财政收入，这不叫善于理财，真正善于理财的人不必增加百姓的赋税负担就能使国库充裕。"

司马光不为所动，立即反唇相讥："众所周知，天下之财皆有定数，官府多一钱，民间便少一钱。若官府想方设法从百姓手中夺钱，这比增加赋税更有害。"接着，他引经据典，论证天下财富该如何分配才合情理，又以西汉桑弘羊为例，说明天理不可违。

王安石并不服气，指出："本人强调的开源，就是要改良生产条件和环境，扶持、鼓励劳动生产。这样，天下的财富就会增加，怎能说天下财富有定数？官府按比例收税，财富自然水涨船高。这就是不加税而增加国库收入之法，道理不是很浅显吗？"

宋神宗见两位重臣各持己见、争论不休，担心场面失控，不得不出面调和。他说："司马光所言，是眼下的财富为定数，不能急于在百姓身上动心思找钱路；王安石所言，是朝廷将要做的事情，想办法增加天下财富。两位卿家都言之有理，开源和节俭是一鸟双翼。但郊祭大典给百官的打赏，不必吝啬。真的到了要靠这点钱去发挥作用时，朕就无颜坐在这龙椅上了。"

宋神宗原本以为两位大臣的争辩会就此结束，万没料到司马光与王安石的争论会持续十几年。而朝野上下，围绕着王安石这个人，以及他的改革主张，也展开一场持久而激烈的争论。

这时，京师一带发生地震，人们都以为这些自然灾害是人做了错事，上天对人的惩罚。而王安石认为，地震是一种自然现象，与人的品行作为毫无关系。司空兼侍中、同平章事富弼听到王安石的这种说法后认为是怪论，感叹道："人君所畏惧的唯有天，王安石这人连天都不畏，还有何事做不出来？将来定会给大宋带来更多灾难，千万不能让这种奸佞之人迷惑圣心。"

富弼是三朝老臣，他给宋神宗上了奏本，洋洋数千言说的都是选贤辨奸的大道理。他苦口婆心所说的辨奸就是要宋神宗认清王安石的真面目。接着，参知政事吴奎、御史中丞吕海、参知政事唐介、侍读孙固等也都以王安石"护前自用""论议迂阔""狷狭少容"等为由，极力反对其为佐相。

王安石还在鄞县任知县时，洛川县知县李师中就说他"眼内多白"，看其外表就知是"奸诈"之徒。如今若重用王安石，天下必将大乱。朝野守旧势力对王安石的人身攻击，最终目的是阻止王安石变法。吕海在《论王安石疏》中，列举了王安石的十大罪状，并对王安石的变法主张进行猛烈抨击。他将政事比作水，认为安静的水才能澄清，被搅动水的必然会浑浊，凡事都要顺应天命，不得逆天而行。像王安石这样胡乱变法的人，不应再居于朝廷，应立即贬谪。朝中不少大臣附和吕诲，对王安石极尽挖苦讽刺之能事。

守旧势力的各种言论传到王安石耳中，他认为那些守旧者滑稽可笑，立刻予以驳斥，并作了《赐也》一诗。

赐也

赐也能言未识真，误将心许汉阴人。

桔槔俯仰妨何事，抱瓮区区老此身。

诗中引用《庄子·天地》中的典故，子贡，即端木赐。他劝说灌园叟舍弃抱瓮浇水的老法子，改用桔槔这种新机械，结果被灌园叟愤然拒绝与斥责。王安石借用这个故事，批评子贡能力不足，受到汉阴老人的"蒙蔽"，也批评灌园叟抱残守缺，抱瓮浇水辛辛苦苦一辈子。这首七绝的真实目的是指责守旧者大放厥词、扰乱民心。

有一日退朝后，宋神宗留住王安石，并对他说："现下好些大臣上本弹劾卿家，说你只知经术，不懂政务。"

王安石回奏道："陛下，依微臣看来，经术是方法措施，唯有知经术才能通政务，这些人说我不通政务，实质上是他们自己不懂经术而只知空谈。"

"依你而言，看眼下的形势，朝廷应采取怎样的措施?"宋神宗问道。

王安石不假思索地说："改变风俗，建立法度，此为当务之急。"

"说得不错。"宋神宗点头称道，并让王安石讲得更具体些。

王安石稍作思索，回禀道："陛下，好风俗有助于淳化民风，带来好运，运气好则万事和顺、国家安治。立法度，陛下首当提携君子，斥退小人，因为君子有礼义和羞耻之心，而奸佞之人是不具备的。君子当位，小人被清除，礼义廉耻的风俗就自然会形成，国家的规章法度也将得到施行和遵守。法令制度建立起来，一切事情都好办了。如此，再实行变革也会顺利许多，可能会取得很大成效。"

宋神宗目不转睛地看着王安石，点头让他继续说下去。

王安石接着说："富国之本，首要任务在于理财。周朝设置泉府等官，掌管国家的财政经济，后世唯西汉的桑弘羊、唐朝的刘晏粗通此道。如今要理财，就要举用善理财之人。古语云：为政在人。但人才难得，十个人理财，有一两人不出力，便会导致全盘皆输。尧与众人推选一人治水，九年不得成功。何况此次变法选用的不止一人，选用人才，不可能征求所有人的意见，到时肯定众说纷纭。陛下若决意变法，就要有思想准备，不为那些异议所迷惑。"

"许多大臣认为，卿家的理财开源之说就是想法子从百姓身上敛财，果真如此吗？"宋神宗又说出心中的疑问。

王安石解释说："所谓开源，就是要找到增加天下之财的法子，如发展生产，奖励耕织，鼓励货物买卖，发展手工业、开采业等。这就需要革除那些不合时宜的官府政策、制度，针对时弊，制定全新的政策、法规，而后颁布实施。"

宋神宗终于心领神会，他命王安石着手拟定新法规和制度。王安石领命后，深感责任重大，为不辜负皇上重托，立刻着手拟写改革方案，废寝忘食，夜以继日。尽管那些保守派仍在对他进行人身攻击，强烈反对由他主持变法，但宋神宗却力排众议，重用他，信任他。有感于此，王安石写了一首《众人》。

众人

众人纷纷何足竞，是非吾喜非吾病。

颂声交作莽岂贤，四国流言旦犹圣。

唯圣人能轻重人，不能铢两为千钧。

乃知轻重不在彼，要之美恶由吾身。

　　任参知政事后，王安石着力推行改革。面对众人的纷纭议论，王安石态度镇定，他对所有的异议一概置若罔闻，坚信人的美恶不在于众人的评价，而在于自身的德行。诗中引用周公和王莽的典故，以圣人自喻，展现了王安石执拗不屈、清傲正直的个性，也为他"人言不足恤"的名言做最直观、真实的注解。

壮士轩昂非自谋

是年春夏，新法即将出台。可就在准备颁布施行时，发生了天灾。黄河决口，洪水泛滥，冲毁无数良田；河东地震，死了不少百姓；河西闹旱灾，庄稼颗粒无收。宋神宗难免会害怕和恐惧，他从皇宫正殿搬到偏殿居住。一些守旧派借机煽动言论，说王安石变法已惹来天怒人怨，若继续进行，必会有更大灾祸降临。

宋神宗有些信天命，他将王安石召到偏殿问话，商议对策。

王安石奏道："拯救危机基本上有两条路：一是抑制富产对土地和其他公有资源的兼并，兴修水利，开荒垦地，扶持广种增收；二是改变现有的国家财政管理制度和税收法，不增加平民百姓的赋税，按比例提成，从而增加国家的财政收入。"

"但如何才能将财税权收归朝廷呢？若真如此，那些豪户岂不要闹翻天？"宋神宗的担忧是有缘由的。

曾担任三司度支判官的王安石自然知道，中央的财权掌握在盐铁、户部、度支三司手中，连宰相都无法干预财政。地方财权名义上掌握在各路、州、县官署手中，而实际上，以田亩数量和质量进行征税，因此那些占有大量土地的豪强便贿赂官府，导致出现"天下之田，有一亩而税数钱者，有善田而税轻者，有恶田者而税重者"的现象。盐铁等工商税更是五花八门，轻重不一。因此，王安石建议设立一个专门机构来统一管理全国财政，并推动经济变革。这个新成立的机构为"制置三司条例司"。

经过短时间的酝酿，一日早朝，宋神宗下令颁诏，宣布制置三司条例司正式创设。所用人员，由右谏议大夫、参知政事王安石自行选调。王安石保举的知枢密院事陈升之同他一起主持制置三司条例之事。既然皇上如此信任，王安石不好再忸怩作态，他挑选了四员大将——吕惠卿、曾布、章惇、苏辙组成一个"经改委"，即制置三司条例司的机构，分别负责日常事务。

四人中，吕惠卿做过真州推官，任满后进京听调。平日常同王安石谈经论文，许多观点不谋而合，王安石称他为大儒，大小事务都要与他商议。但事实上，王安石对他的了解并不多。他文才出众，因此在制置三司条例司里的职务相当于如今的秘书长。

曾布虽是王安石好友曾巩的弟弟，但他与曾布并不熟识。王安石用他，是因曾巩为人正直、待人诚恳，相信其弟也不差，且曾布非常谦逊，事事迎合王安石的意旨。因此，王安石也视曾布为心腹。

章惇是一个有志气、有才能的人，制置三司条例司自然少不了如此有才能、干实事之人。

苏辙是苏轼的弟弟，也是王安石早就认识的才子。他的加入给制置三司条例司带来充足的活力和文坛广泛的人际关系。

机构组建完成，意味着变法正式启动。七月，变法派开始推行"均输法"。

由于当时的汴京驻军和百姓达到一百二十多万，每年要耗费的粮食、丝麻织物以及制造军器所需竹木、皮革、筋角等物资需求量很大。过去，运输这些物资的机构叫发运司，主持这项工作的官员为发运使。但发运使只负责将物资一车车、一船船地送往京城，却不知京城里到底哪些物资紧缺、哪些物资过剩，导致过剩物资无地方放，价格被压得极低，连运输费都不够，运输物资的百姓无法向官府交税。而紧缺物资的价格又被哄抬得奇高，多数人买不起，而富商则乘机牟利。

王安石推行"均输法"，就是要改变这种现状。他在江南西路、江南东路、淮南、浙东路、浙西路、荆湖路等地设置发运使，按照"徙贵就贱、用近易远"和"从便变易蓄买、以待上令"的原则，负责督运各地"上供"物资。他委派办事能干的薛向为江、浙、荆、淮发运使，总管东南六路的财赋和茶、盐、矾、酒等收入，全权负责推行"均输法"。

"均输法"与旧法不同的是，朝廷财政拿出一定数量的钱和米作为本钱统筹物资和运输。要做到既满足京城的物质需求，又不亏本有盈利，这就需发运使随时掌握供需情况，并对运输成本进行预算。这是一项技术含量较高的工作，好在发运使薛向很有理财经验，上任之后，对京师每年物资的供需情况做了普遍细致的调查，将京城过剩物资运出去，在六路之间转运变卖，再将京城需要的物资运进来，平价变卖，从地区贸易差价中获得可观的收益。

这项改革措施一经实行，就收到立竿见影的效果，不仅防止商人们哄抬价格，囤积居奇，还加大政府对于采购的控制力度，一定程度上减轻农民的负担。不过，"均输法"在实施过程中显露出的弊端也不少。例如，因官方征税以实物计算，实物转运成本高；增设管理官员，管理成本也增加不少。因信息不畅，政府征收"非时、不产"的物资，很难做到及时准确，还是给不法商人留下投机谋取高利的空间。

"均输法"刚开始实施，就受到保守派的猛烈攻击。几个月前，参知政事唐介虽在病休中，但仍强打精神，上堂与王安石辩论。他说，新法太荒唐，祖制不可改，只要不改就可保证天下太平。可王安石非要搞什么变法，弄得天下骚动。他认为，王安石变法是在哗众取宠，完全不切实际。他劝告王安石专注做学问，不懂政治就别掺合，并叫王安石专心致志地去翰林院当侍讲，研究经典。

王安石最初对唐介很尊敬，认为他正直高尚，待人处事都很温和。但王安石没料想他的退让竟使唐介变本加厉，对主张变法的人穷追猛打。王安石不想再忍让，对他进行回击。朝堂之上，两人唇枪舌剑，针锋相对。唐介是长辈，受了晚辈的气，当场气昏在地。回家后，他的背疽又发作，病倒在床，几天后就离世了。

未久，王安石写了《彼狂》一诗。

彼狂

上古杳默无人声，日月不忒山川平。

人与鸟兽相随行，祖孙一死十百生。

万物不给乃相兵，伏羲画法作后程。

渔虫猎兽宽群争，势不得已当经营。

非以示世为聪明，方分类别物有名。

夸贤尚功列耻荣，蛊伪日巧雕元精。

至言一出众辄惊，上智闭匿不敢成。

因时就俗救刖黥，惜哉彼狂以文鸣。

强取色乐要聋盲，震荡沉浊终无清。

诙诡徒乱圣人氓，岂若泯默死蚕耕。

诗中，王安石从上古时期的社会变革谈起。那时，人类还处于蒙昧时代。人类繁衍过快，生产力发展速度赶不上人口的膨胀速度，导致万物供不应求，因而人类产生争夺引发暴力冲突。此时，伏羲挺身而出。他制定法令约束众人，并发明先进的生产工具，使人类的生存得到保证。伏羲只是为了人类的生存而被迫选择变革，并非为了炫耀自己比别人聪明。此诗表达了王安石的社会历史观和经世济民的志向。

神宗熙宁三年（1070 年）二月，宋神宗想提拔御史中丞司马光任枢密副使，但因他对王安石变法不满，不肯就任枢密副使职务。是年，他连续给王安石写了三封信，即《与王介甫书》。他在信中责难王安石"财利不以委三司而自治之，更立制置三司条例司，……又置提举常平、广惠仓使者，……今介甫为政，首建制置条例司，大讲财利之事。又命薛向行均输法于江、淮，欲尽夺商贾之利，又分遣使者散青苗钱于天下而收其息，使人人愁痛，父子不相见，兄弟妻子离散……今介甫为政，尽变更祖宗旧法，先者后之，上者下之，右者左之，成者毁之，弃者取之，矻矻焉穷日力，继之以夜而不得息"。在信中，他列举实施新法的种种弊端，恳求王安石废弃新法，恢复旧制。王安石收到信后也写了《答司马谏议书》作为回复，"人习于苟且非一日，士大夫多以不恤国事、同俗自媚于众为善，上乃欲变此，而某不量敌之众寡，欲出力助上以抗之，则众何为而不汹汹然？盘庚之迁，胥怨者民也，非特朝廷士大夫而已；盘庚不为怨者故改其度，度义而后动，是而不见可悔故也。如君实责我以在位久，未能助上大有为，以膏泽斯民，则某知罪矣。如曰今日当一切不事事，守前所为而已，则非某之所敢知。"他在信中总结自己与司马光观点不合的原因是"所操之术多异"。他顾念自己与司马光十数年的同僚情谊，在信中剖白了改革变法的心意。同时，批评士大夫阶层的因循守旧，并表明坚持变法的决心。

知谏院范纯仁是前朝宰相范仲淹之子，他上书弹劾王安石徇私枉法，起用薛向这样被罢过官的人。苏辙认为"均输法""法术不正"，其害不可胜言，并辞官以示反对。还有许多官员攻击王安石是以官欺民的小人，欲以"均输法"夺商人毫末之利。

御史中丞吕诲较善变，最先赞成王安石变法，但接着又说王安石沽名钓誉，还列举出王安石十大罪状。之后，看到反对变法的同僚一个个被贬官，他胆怯了，就去拉拢司马光，希望能与司马光同进退。司马光那天要去给宋神宗讲课，吕诲便把自己写好的奏章交给他，请他转呈皇上。司马光知道，吕诲无非是指斥王安石大奸似忠、大诈似信，外示朴野，中藏巧诈，是奸臣当道，但又拿不出确凿的事实依据，这样的奏章只会让皇上反感。因此，司马光便让吕诲一同去听讲，待讲解结束后再面呈皇上。

最后的结果是显而易见的，宋神宗看过奏章后痛责了吕诲一番，并对他说，不要以小人之心度君子之腹。后来，王安石听闻此事，对宋神宗心怀感激，当天作了《王章》一诗。

王章

壮士轩昂非自谋，近臣当为国深忧。

区区女子无高意，追念牛衣暖即休。

王章是西汉元帝、成帝时期的官员。王安石在诗中称赞他"壮士轩昂非自谋"，以国运为忧，以大局为重，不怕得罪权贵，意气昂扬。后两句则是批评王章的妻子"无高意"，不理解丈夫高远的志向，不赞成王章的选择，只贪恋眼前的安逸生活。他赞扬王章不"自谋"的高远品格，实际也是抒发自己的政治理想，勉励自己坚持改革的意志。

王安石推行的第二项变法是"青苗法"，抑制富商高利贷。具体办法是用官府低息借贷代替富商高息借贷，解决农民高利还债的问题。这项改革早在他任职鄞县时就已经实验过，算是轻车熟路，有望第二年见成效。与此同时，为改善农业基础设施和生产条件，他们开始施行农田水利法。

官府通过"青苗法"以低利率贷给农民，支持各地兴修农田水利，治理河流，防止水害。此法要求各地将需要修建的河塘水坝和需要治理的河流上报官府，涉及数县的大型工程由官府出面组织协调。"农田水利法"发布后受到广大农民的拥护，很快在各地推行，且收到良好的效果。这一项新法影响到各地的每一个村庄，涉及千家万户，因此上至富商大贾，下至平民百姓，都能深切体会到这项新法带来的影响和所起的作用。

推行"青苗法"有三个目的：一是使富人不得乘农民之急高利盘剥，体现的是抑兼并、济困乏的思想；二是使农民"趋时趋事"，不误农时，发展农业生产；三是使国家财政收入得到增加。但由于各级官吏对"青苗法"的内容和实质未能深切领会，或奉行过当，发生各种偏差也就在所难免了。借贷自愿原则受到破坏，利益受损的不仅是富商大贾和兼并之家，许多地区的民户也因官府强迫贷款、收取息钱而颇有怨言。"青苗法"在推行过程中有变相为政府敛财的趋势。

此外，"青苗法"又受到朝中保守官僚的抨击。韩琦上了一道长达几万言的奏章，极力陈述"青苗法"的弊端。他在奏疏中说，许多地方存在官府强令百姓贷款的现象，百姓怨声载道、贫困不堪，原本可勉强度日，如今因朝廷强令他们多出利息，使他们变得更加贫困，连饭都吃不饱，哪里有钱还本息？他还详细介绍各个乡、各种农户的贷款情况，描述一些无力偿还贷款的百姓在地方官的淫威下，不得不变卖田地、卖儿鬻女，以偿还本息。接着，他又历数在农村存在的各种各样的苛捐杂税，说明百姓早已苦不堪言，施行"青苗法"更使百姓的生活雪上加霜。

右谏议大夫司马光对"青苗法"的反对尤为激烈，说"青苗法"要求富人贷款收三分利息，还要为下等户担保，会使富者变贫、贫者更贫。翰林学士范镇说"青苗法"的目的是要富人致穷，开封府推官苏轼指责"青苗法"亏官害民，宰相富弼称病辞官，以示反对……

改革机构内部也出现了很大的意见分歧。苏辙也认为"青苗法"不可行。理由是，官府借钱给农民，本意是好心帮他们，但钱到了他们的手里，不少人乱用，到了还款期限，却无力偿还。官府只得催讨、逼要，导致不但没有救民，反而把他们害了。苏辙提出这样的批评意见，王安石竟不能喻之以理。

此时，宋神宗和他的变法主帅王安石都面临着无比巨大的压力，他们只要有任何一个人后退一步，变法就会夭折。面对来势汹汹的攻击，宋神宗没有表态，因而攻击再掀高潮。原宰相韩琦上书全面否定"青苗法"，并恶意说"青苗法"本钱有失陷之虞，其他大臣也随声附和，引起宋神宗的怀疑。王安石勃然大怒，当众驳斥，一气之下称病不起，奏请罢职。如此一来，变革能否持续下去就在于宋神宗的一念之间了。

兴王只在笑谈中

是年十二月，到百官要作"年终述职"的时候了。几乎每个述职的官员都谈到对变法的认识和看法，七成以上官员持反对态度；而对王安石个人进行攻击的则有近九成，有的虽不反对变法，但对王安石提出极大的不满。

十二月九日夜，汴京城下了一场罕见的暴雪。次日清晨，百官上早朝时，只见大雪漫盖着地面，连路都找不到了。当他们来到垂拱殿时，宋神宗早已正坐于大堂上。垂拱殿不及崇政殿那般空旷威严，也不及大庆殿那般阔大气派，而令人心生几分温馨。文武百官参拜皇上后，愣愣地站在大堂上，冷得瑟瑟发抖，心里也是战战兢兢。他们都心知肚明，今日的早朝将决定他们的命运前程。

坐在龙椅上的宋神宗看着丹墀下的群臣，不言语。此时，一个内侍捧来一道圣旨，站在宋神宗的左前方大声宣读起来。这是一道委任书，擢升王安石为史馆大学士、同中书门下平章事，擢升陈升之为集贤殿大学士、中书门下平章事，擢升枢密副使韩绛、端明殿学士王珪为参知政事。另一份诏书则是将知谏院范纯仁、宣徽北院使王拱辰、翰林学士郑獬、知开封府滕元发等人贬出京城。

散朝后，王珪和韩绛收到众多官员的热烈祝贺，唯有升任宰相的王安石，祝贺者寥寥。王安石心情沉重地回到家里，站在窗前若有所思地望着外面的皑皑白雪，不为世人理解的悲哀和孤独袭上心头。他拿出笔墨，作了一首《浪淘沙令·伊吕两衰翁》。

浪淘沙令·伊吕两衰翁

伊吕两衰翁，历遍穷通。一为钓叟一耕佣。若使当时身不遇，老了英雄。

汤武偶相逢，风虎云龙。兴王只在笑谈中。直至如今千载后，谁与争功！

此词借用典故，描写伊尹和吕尚"历遍穷通"的人生际遇和谈笑中辅助君王建起的功绩。他以"汤武偶相逢"慨叹君臣相遇之难，抒发他对宋神宗知遇之恩的感念和在政治上大展宏图的豪迈情怀。虽为论史之作，却以史托今，蕴含了称颂明君之情。

此时的王安石虽不被众人理解，但依然满怀信心。升任宰相后，他又将制置三司条例司纳入中书门下。如此一来，制置三司条例司职能不仅限于主管经济方面的改革，还将主持政治体制和军事等方面的改革。条例司大小官员都由王安石自己授予官职。他推荐姻亲谢景温为侍御史，吕惠卿兼判司农寺，管领新法事宜。王安石的权势由此达到巅峰。制置三司条例司还奏请皇上下令在各路设置提举官，专门管理推行"青苗法"的借贷之事。未久，陈升之因与王安石意见不合，告假病休。王安石一人独掌相权，少了制衡他的力量。紧接着，他开始推行"免役法""方田均税法""农田水利法"等。

神宗熙宁四年（1071 年），王安石推出讨论已久的"免役法"。改革前的差役大致可分四类："以衙前主官物，以里正、户长、乡书手课督赋税，以耆长、弓手、壮丁逐捕盗贼，以承符、人力、手力、散从官给使令。"官府根据民户财产及男丁多少确定等级，差役分派大致是小地主、富农或者家境富裕的手工业者充任衙前、里正，上中农担任户长、乡书手、耆长、弓手、承符，下中农充任壮丁、人力、手力、散从。贫雇农因太穷不用出差役，最富有的品官形势之家，也就是官僚、大地主享有免役特权，也不用出差役。

　　差役既有害于民，又无益于国，因此，当时朝野上下要求改革"差役法"的呼声很高。王安石推行的"免役法"正是针对差役繁重而制定的，主要内容是本来按要求应到官府当差役的百姓只需要缴纳免役钱便可免除劳役，由政府出钱雇人当差。具体办法有三：一是国家制定的免役户不再服役，随夏秋两税交纳免役钱；二是免役钱的数额由各地根据事务简繁自定，除雇役外，剩余的部分专用于救助灾荒，为"免役宽剩钱"；三是原来不服役的官户、寺观、女户按半数交纳役钱，为"助役钱"。提出该草案后，王安石派人到各地听取意见，之后又起草了免役法条例进行试点。在此基础上，他先制订出开封府的方案，此法在开封府榜示一月，民无异议。

　　"方田均税法"侧重于解决豪强、大地主兼并土地，隐瞒田产人口，逃税漏税等问题。由官府每年丈量土地，并将土地分为五等，征税时主要参考土地面积、肥瘠等级，土地较肥沃的多征税，土地较贫瘠的就少征税。"方田法"一经施行，官府就查出大量隐匿的土地，随之建立起完善的土地信息，一定程度上减轻了土地兼并的程度和农民负担。

　　"方田均税法"施行后，王安石到京郊走访，他心中还有不少疑问，写下《郊行》一诗。

郊行

柔桑采尽绿阴稀，芦箔蚕成密茧肥。

聊向村家问风俗，如何勤苦尚凶饥？

此诗写养蚕人家遇上好年景，收成不错，但经过一年的勤劳辛苦，却依然闹饥荒。王安石想探究其中的根源，找出需要为农桑解决的问题。施行"方田均税法"无疑是一种有益的尝试。

王安石有关财政经济改革的一些理念，如"民不加赋而国用足"，具有前瞻性，却远远超出当时社会所能接受的限度，也缺乏必要的技术手段支撑，导致屡屡出现理论与实际背离的现象。

正因如此，那些御史们为反对新法，可谓前赴后继。太子中允、监察御史程颢在王安石推行新法之初也是赞同的，后来逐渐转变为新法的反对者，并一次又一次上表奏请废除"青苗法"，撤销提举官。王安石敬重他的为人及其在士子群体中的影响力，起先并未责难他。

"青苗法"和"方田均税法"施行一段时间后，程颢对朝廷重用李定以及新法存在的问题再次上疏，言称"青苗法"触犯了苍天，给各地带来自然灾害。他请求废除"青苗法"和"方田均税法"，并指责李定道德败坏，说他既不是进士及第，又为官不正，朝廷重用此等人，有伤风化。

宋神宗批示他的奏折，说："有何意见，可直接到中书省去反映。"于是，程颢便遵旨到中书省阐述他的观点，恰好遇上王安石与陈升之当班。王安石见程颢进来，已知来意，见他一脸不高兴，也未给程颢让座。

程颢强作笑脸，说道："诸位，我今日奉旨前来讨论变法之事，这本是国家大事，可我发现你们好像没什么兴趣，难道诸位就不能平心静气地听听鄙人之见？"

王安石觉得自己未免促狭，有失风度，一边站起来给他让座一边说："程御史有何高见尽管说，推行新法是我们为人臣之本分，你我皆为陛下分忧，何来兴趣一说？"

程颢刚要说话，御史张戬来了。他比程颢做得更彻底，与王子韶联名上疏，弹劾了王安石、曾公亮、陈升之、韩绛、吕惠卿、李定等人。王安石看了他的奏疏，认为他的打击面太大，直接将奏疏压在中书门下省没转呈神宗御览。张戬听说他的奏疏被王安石扣押，便气势汹汹地来找王安石讨公道。

陈升之看见张戬心里很不悦，按捺住火气说："是是非非，自有公论，张御史既知此理，大吵大闹又有何益？难免有失体统。"张戬见陈升之语带讥讽，便将"枪口"对准了他："眼见王安石乱法，扰得民不聊生，你却故装清高，难不成你就无罪？"

陈升之气得发抖，正要反击，王安石抢先说："张御史此言差矣，既是变法，免不了要挨人骂，既然是骂，总要骂出些道理曲直来。如今，尔等不辨是非黑白，只是一味反对。反对也罢，尔等又说不出个所以然来，着实愧对陛下、愧对朝廷。"

张戬见王安石不留情面，自觉无趣，愤然转身离去。程颢也感觉到气氛不对头，要想心平气和地讨论显然已无可能。他是世所公认的大儒，不能有辱斯文。他本是奉旨前来与王安石讨论变法之事，没料想张戬跑来一闹，将他计划给扰乱了。

就在两个御史大闹政事堂的第二天，宋神宗便召王安石进宫，问他："外面都在议论，说主张变法之人不怕天变，不听人们的舆论，不守祖宗的规矩，依你之见该如何？"

王安石坦言直陈道："变法之初，几位重臣都不曾有何意见或建议，等变法推行之时，他们却一味地吹毛求疵，看问题一叶障目，并非真正为陛下出谋划策。陛下一心处理政事，这就可说是防止天变了。陛下征询众臣之见，也算照顾到舆论了。况且，那些人的话也不一定都正确，只要我们做得合乎道理，又何必怕人议论。至于'祖宗家法'，本就不是一成不变的。"后来，人们将王安石的这段话概括为"三不足"："天变不足畏，祖宗不足法，人言不足恤。"

次日早朝，宋神宗颁诏贬黜了一批官员出京。程颢被贬到江西为提刑官。张戬被贬至公安为知县，王子韶被贬到上元为知县。右正言李常也因驳斥均输、青苗等法，被贬至滑州为通判。反对变法的官员纷纷被贬，可见宋神宗对王安石的支持和宠信已无以复加。

这年盛夏，在风和日丽之时，王安石想看看这两年城郊推行新法的成效，便携人出行郊外。眼见田野景色秀丽和谐，他不禁为之陶醉不已，写下一首七言绝句《出郊》。

出郊
川原一片绿交加，深树冥冥不见花。
风日有情无处着，初回光景到桑麻。

这首七言绝句疏淡平和却又耐人寻味。三、四句意含幽默而句法转折，深藏王安石对景物的细心观察和刻意表现，但在表现手法上自然流畅，毫无雕琢痕迹。新法推行后，基本上收到了预期的效果，从王安石此时的心情来看，他对变法的成效是较为满意的。

岁熟不在天

在王安石推行的一系列变法措施中，遇到阻力最大的是强军之法。他变法的指导思想是富国强兵，重在发展生产、开辟财源、增强兵力。为了圆他的"强军梦"，从神宗熙宁三年冬开始推行"置将法""保甲法""保马法""军器监"等新法。

宋神宗与王安石的政治目标是一致的，他对大臣们说："当今理财最为急务，养兵备边，府库不可不丰。"为使大臣们重视战备，他亲自修改太祖创立的景福库名，用自己作的一首三十二字诗，以一个字代表一个库。他曾广泛征求大臣和皇室之见，望能找到富国强兵之路。他还曾向德高望重的老宰相富弼征询有关边防的事宜，然而，这位当年支持过范仲淹实行"庆历新政"的老臣却劝诫道："陛下若能二十年口不言兵，亦不重赏边功，则国家幸甚，天下幸甚。"

老臣们皆知，从宋太祖赵匡胤发动陈桥兵变，黄袍加身，建立大宋王朝后，就开始对武将严加防范，他"杯酒释兵权"，倡导

"崇文抑武"的国策，开启文治盛世。崇文抑武是"祖宗家法"，百余年来无人敢言变废。北宋一朝文臣的地位、待遇始终都比武将高。而崇文抑武造成的直接后果，是国家抵御外敌的能力极度降低。

一日，宋神宗一时心血来潮，身穿全副戎装来拜见皇太后。皇太后见皇帝英武挺拔，欣喜之余又郑重告诫刚坐上龙椅的宋神宗，说："皇帝若能永不贪军功，就是天下臣民之福分。"身着戎装表明宋神宗对汉、唐文治武功的向往，表明他对国盛兵强的渴望。

王安石在变法之前是仔细研究过大宋历史和"祖宗家法"的。他苦心探求富国强兵、养兵备边、主动制敌的政策。但他深知，军事改革的步子不能迈得太大，必须有成熟的、切实可行的方案后，再逐步推行。正在他想办法之时，西部边陲传来警报。西夏皇帝秉常率兵大举入宋，环庆路（辖区在今甘肃省、陕西省境内）烽烟遍地，告急文书如雪片般飞往汴梁，直达中书省，紧接着又摆上了宋神宗的御案。

王安石主动请求到边塞督战，而韩绛上奏说，变法离不开王安石，不能让他丢下朝中事务到边陲打仗。进而，他又请求由他领兵前往西陲征战。

朝中没有多少武将可用，宋神宗见有人抢着去西征，心里自然欣慰。但变法正处紧要关头，若让王安石去统兵作战，变法恐怕很难维持下去。宋神宗仔细思虑后准了韩绛所请，命他兼任陕西宣抚使，由他自己挑选部分将领，前往西陲边关。

此次征战派出两路人马，韩绛统领一路，建昌军司理参军王韶为另一路统帅。王韶是个不可多得的军事人才，出征前，他将自己总结的"平戎策"奏本呈报朝廷，提出先收复河湟，使西夏腹背受敌，再控制吐蕃与羌族各部，而后攻打西夏的战略。他对甘肃武威以南，至洮河、鄯善、青海乐都一带非常熟悉，这一大片可耕的土地原先都是汉人所有，后来这些地区被羌族部落瓜分，变得四分五裂。宋军要收复这一带相对容易，且收复后会使吐蕃与羌族人腹背受敌，对此次征边非常有利。同时，他还主张拉拢羌族人以孤立西夏，待控制西夏后再对付吐蕃。

宋神宗看过王韶的奏疏后，认为"平戎策"不失为妙招，将奏疏转给王安石，征询他的意见。王安石对军事略有研究，他也认为这是平戎收边的上策。

为鼓舞士气，宋神宗加授王韶为当地经略，赐封青唐吐蕃首领唃厮啰的儿子董毡为太保，承袭保顺军节度使。

王韶到秦州后，请求修筑泾、渭上下两城，屯兵作为招抚洮河诸部落之用。秦凤经略使、秦州知州李师中不同意王韶的建议，以致军费难筹。王安石便以阻挠王韶经略边境之罪，暂停了李师中的经略使一职。王韶又上书，说渭源到秦州一带，弃置无人耕种的良田有上万顷，请求设置市易司进行边境贸易，盈利既可作为垦荒屯军的经费，也能拿来治理农田。

王韶提到的市易司，正是王安石推行的市易法中管理市易之事的机构。所谓市易法，就是朝廷平价收购滞销商品，短缺时再卖出。此法看似并无不妥，但因地方官府的官员并没有什么经济思想，有的想着升官发财，为了自己的政绩，为了有机会从中攫取私利，一味为朝廷增加收入，增减物价时常不符市场波动，实则与民争利，欺压中小商户。既是一个试行法案，自然也就存在缺陷和不完善之处，王安石见王韶提出这样的请求，心想，不妨先在军中试一试。于是，他命李师中拨付资金作为买办货物的资金，并命王韶管理军中市易之事。

李师中接到命令，不由得怒火中烧。撤了他的经略职务还要求他筹钱做生意，在他看来，是极大的侮辱。他再次上书朝廷，控告王安石滥用职权，长此以往，定是得不偿失。他还控告王韶，说那些所谓的良田实为士兵们训练的场地和沙石地，根本不能垦殖。

王安石看了李师中的奏章极为不悦，认为李师中不仅不会治军，连做知州的才能都不具备，又几次抗命，反对新法，因此奏本告李师中故意阻挠变法。同时，朝廷也派出专员前往调查，最后虽证实了李师中的举报，但王安石还是极力袒护王韶。结果，李师中秦凤经略使一职被免，左迁为舒州知州。

再说韩绛所率的一路人马日夜兼程赶到陕西前线时，钤辖（武官名，相当于监军）郭庆、高敏都已先后战死沙场。韩绛便在延安开设幕府，选番兵为七军。韩绛是从院阁官员一路升上来的书生，对军事几乎一窍不通。他相中了种谔，拿出宋神宗特批的空白任命书，任命种谔为鄜延钤辖、知青涧城，众将士皆受其节制。

种谔虽会打仗，但资历尚浅。许多比他资历老的将领不服气，常有怨言，韩绛对此并不知情。与种谔制订了进攻横山计划后，安抚使郭逵提出反对意见，但韩绛对此一笑置之，按原计划发起进攻横山的战役。结果，因将领不服军令，宋军惨败而归。

韩绛不仅不查明原因、吸取教训，反而责怪郭逵扰乱军心，请朝廷将他召回京师。郭逵被挤走后，韩绛便命种谔率将士在罗兀城（今陕西省榆林市榆阳区）修城堡、建山寨、屯粮草，干得热火朝天。但他却不知夏军并不计划先攻打防御城堡，而是以闪电式的速度攻下抚宁，然后长驱直入。

韩绛与种谔反复商议，也拿不出可行的退敌之策。见主帅无能，夏军又来势凶猛，手下将士士气大挫，纷纷逃窜，最后连罗兀城也失守，数千名将士成了夏军的刀下冤魂。韩绛兵败后，自知罪责难逃，把主要责任推到种谔身上，并自责用人不当，请求朝廷处置。

朝廷的处罚很快下达，种谔被贬为汝州团练副使，安置潭州；韩绛被免去参知政事一职，绛为邓州知州。

战事失利让王安石深知自己在此次军事部署中有失策之责，又深感大宋军队衰弱，尤其是将领所用非人。同时，他也感觉到军队中的"三冗"现象，即"冗官""冗兵""冗费"越来越甚。宋太祖时，朝廷的正规军包括中央禁军及地方厢军，数量不过三十七万人。到宋英宗时，军队猛增到一百四十余万人，每年光军费的支出就占财政总收入的一半以上。可是，大宋军事上的孱弱在真宗景德元年（1004 年）订下"澶渊之盟"后就尽现无遗了。长期处于和平时期，鲜有人注意到边境战乱问题，重文轻武就成为不可更改的王法。

是年冬，王安石准备废除北宋初年订立的"更戍法"，推行"置将法"，但他还是对"祖宗家法"心怀敬畏、有所顾忌，因此未贸然施行，而是决定思考成熟后再推行。但新"保甲法"在这一年就已开始试行。司农寺颁发条例，部分地区便开始按条例改革。

"保甲法"是针对冗兵问题提出的解决方法之一。该法案规定：官府将农民按住户组织起来，每十家为一保，五十家为大保，十大保为一都保。家里有两个以上成年男子的，抽一个当保丁。农户组保后，推选户等最高、最富裕者任保长，农闲时期集合军训，夜间维持秩序。这本是相当于地方民团的厢军要做的工作，但这项政策为"三冗"裁减提供了有利条件。是年秋，宋神宗与王安石论及保甲。王安石深有感触地说："如今大力推广'保甲法'，足以抵御盗贼，但又不仅仅为了防御盗贼。通过此法，保丁逐渐操练为兵卒，不仅人人能战，还能转变民众对此法之观点。参加保甲的壮丁，捐税减免，能力强、能捕杀贼人者在得到朝廷奖赏的同时，还有可能获得官职。一旦形成规制，保甲制度非但能激励保丁，还能使他们加入募兵，为募兵增加新鲜血液之余，消除募兵的骄纵之气，节省养兵的不菲财费。此乃涉及宗庙的长久之计。"

既然保甲为准军事组织，那么制定相应的管理条规也就十分必要。"保甲法"规定，每个保丁只给予当日口粮，并无财货报酬，但在管理上却有"私逃亡，杖六十，计逃日补填。酉点不到，不赴教阅，许小杖科决，不得过七十"的严厉惩罚。不过，保甲虽也是兵，但更侧重于地方治安。

此时，王安石还在心中酝酿"保马法"和"置将法"。他曾在群牧司供职，自然知道马匹对军队作战和后勤保障的重要意义。军用马匹（官马）与私自养马相比，产量、品质都相差悬殊。

尽管如此，王安石推行军事变法相对于经济变法更为谨慎，其心理轨迹在《省兵》一诗中有所流露。

省兵

有客语省兵，兵省非所先。方今将不择，独以兵乘边。
前攻已破散，后距方完坚。以众兀彼寡，虽危犹幸全。
将既非其才，议又不得专。兵少败斯继，胡来饮秦川。
万一虽不尔，省兵当何缘。骄惰习已久，去归岂能田。
不田亦不桑，衣食犹兵然。省兵岂无时，施置有后前。
王功所由起，古有七月篇。百官勤俭慈，劳者已息肩。
游民慕草野，岁熟不在天。择将付以职，省兵果有年。

王安石从政治、经济、军事等方面描写了北宋国势的积弱或内政的腐败，指出军队中存在的突出问题，大胆提出"精兵择将"的建议。这是一种试探，因为他准备在军事领域进行重大的改革，他要为自己鼓气，也要制造些声势，以便改革的顺利进行。

第六章

深化变革，富国强兵梦难圆

随着变法的逐渐深入，王安石将改革范围扩大到经济、军事、文教等多个方面。他以前所未有的改革力度，对祖宗成规进行修正。在取得成效的同时，王安石与新法受到的非议与责难也越来越多。一场大旱，触发朝中日积月累的尖锐矛盾，也迫使王安石告别中枢，返归江宁。

尚有燕人数行泪

王安石在进行经济改革的同时，在军事方面也进行了深层次的思考分析。经过几年的努力，一整套全新的方案在他的头脑中逐渐成形。神宗熙宁五年（1072年），朝廷正式颁布施行"置将法"。

王安石之所以在军事改革问题上犹豫再三，主要是因宋太祖赵匡胤在立国之初就定下两条基本国策。其一是重文教，轻武事，不轻起战端；其二是不杀言官和士大夫。王安石的军事改革意在强化军事，这意味着动摇了宋朝的基本国策，改革难度势必远大于经济改革，且军事改革将取得多大成效也难以预测。

那么，这项基本国策是否有修改的必要？这还得回顾北宋的发展历史。北宋建立之初，中华大地已经历经了上百年的战争，百姓所受的妻离子散、家破人亡、流离失所之苦，赵匡胤都看在眼里。登基之初，为不再让百姓受苦，他重文轻武，稳定民心，让百姓能够休养生息，有安稳生活。宋太祖决定在各地抽调精兵编入禁军，派文臣做地方官，并且设立转运使，直属中央管辖，将地方财政权收归中央。他言称："可以利百代者，唯养兵也。方凶年饥岁，有叛民而无叛兵，不幸乐岁而变生，则有叛兵而无叛民。"而且，他将都城设在无险可守的开封，也是他追求和平、以文治国的一种宣示。

但是，他制定的国策被后世子孙曲解为"崇文抑武"是不能轻易发起战端，即便战火已经烧到家门口，还是要隐忍、委曲求全；不杀言官、以文治国就是偏重文官、荒废军事。这些被曲解的基本国策被沿用了上百年。

具体来讲，北宋王朝沿袭唐后期推行的募兵制度，因受国策取向的引导，募兵制显现出很大特色：每逢灾年和荒年，官府便大量招收流民、灾民、饥民，经过训练编入自己的军队。对灾民来说，不仅解决了温饱问题，还能使自己的后半生有一定保障。官府甚至把失职犷悍之徒收编在军队中，不但让这些人成了维护朝廷制度的工具，还消弭了大量潜在的不安定因素。对于官府而言，这种制度的收效是非常大的。但看似"一箭双雕"的政策，却给北宋军队建设留下巨大隐患。

朝廷对禁军的驻扎也颇费一番心思。对武将的防范和兵员来源、配置、指挥等方面的因素造成宋军战斗力低下，兵员的增多与低下的战斗力形成鲜明的对比，逐渐演变成恶性循环，以致每遇战事，宋军稍与敌军交手便溃不成军，多以败绩而告终。尤其是在长达六年的宋夏战争中，先后在三川口、好水川、定川寨发生激战，皆以宋军惨败而告终。仁宗庆历四年（1044年），北宋朝廷与西夏订立和约，北宋每年给西夏银七万余两、绢十五万匹、茶叶三万斤，此为"岁赐"。契丹乘机要挟，北宋又增岁币银绢各十万。战争的巨额赔款压得百姓喘不过气来，生活日益贫困，怨声载道，国内矛盾愈发尖锐。宋夏和约订立后，西北边境平静了二十余年，同时宋军的斗志也随之消弭殆尽。英宗治平三年，西夏又挑起边衅，狼烟四起。

长期的战乱使黄河以北的农民遭受宋、辽和西夏统治者的重重迫害，导致部分民众无家可归，四处流浪。

王安石在制订军改方案期间，还到黄河以北地区，包括幽州燕地进行秘密考察。五代后晋的石敬瑭割让幽云十六州给辽国，北宋朝廷无力收复。早在仁宗嘉祐五年，王安石送契丹使臣北归，送至涿州，他亲眼见到边疆地区屡遭侵扰的荒凉景象，心中无限惆怅。他将自己的所见所闻所感写进《入塞》一诗中。

入塞

> 荒云凉雨水悠悠，鞍马东西鼓吹休。
> 尚有燕人数行泪，回身却望塞南流。

这首七言绝句，描写了这样的情景：北方地区落下凄凉的雨，地上河水呜咽地流向远方。南返的北宋使臣和送行的辽国官员骑马来到边界上，燕地百姓远望南方，不禁回身伤心落泪。诗中表达了燕云地区人民盼望归国的心情，批评了朝廷的投降乃错举。

然而，又有十多年过去了，如今燕云地区的百姓仍在辽、金政权的统治下。不仅如此，契丹还屡次侵入中原腹地，掠夺财富，涂炭生灵。因此，王安石推行军事改革的基本思想就是全民皆兵，希望通过这一政策提高军队的战斗能力，从而达到收复失地和抵御外敌的目的。

北宋的军队分禁军、厢军、乡兵和蕃兵四种。禁军是常备正规军，士兵出自雇佣，沿用五代朱梁定制，文面刺字。厢军是地方部队，用于戍边、守城和工程建设、运输等杂役。乡兵，又称民兵，即各地保甲，他们平时务农，闲时练兵，战时充当弓弩手，守护边土。蕃兵则是西北边境地区临时招募的由少数民族组成的地方兵种。

常规军队驻戍采用的是"更戍法",即以禁军分驻京师与外郡,内外轮换,定期驻守京师。更戍军设有驻泊、屯驻、就粮等名目。按常规,一般出戍京东、京西、河北、河东、陕西、江南、淮南、两浙、荆湖、川峡、广东等地戍军,以三年为期进行轮换。出戍边远恶劣地区的军兵,以半年为期进行轮换。这样做的目的是防止驻军统兵的将官拥兵自重,朝廷难以控制。但由于兵不知将、将不识兵,军队的战斗力大打折扣。

在军事管理上,北宋王朝形式上仍然沿用唐朝的官制,但实质上只有中书省行使行政大权,而尚书、门下两省都移到宫外,基本不参与政事。后又实行"三权分立":设立枢密院,主管军事;中书省下设参知政事,行使部分行政权;设三司使,分割宰相的财政权。枢密院的大事都要奏报皇上,宰相与枢密使分别朝奏,军事决策效率低。

另外,京都开封无险可依,若要守住这块宝地,就得有重兵把守,故而禁军人数比例越来越大,军费耗资甚巨。朝廷将超过一半的禁军驻扎在京城周边,边塞的驻防兵力十分薄弱,一旦发生战事,北宋边境不堪一击,以割地赔款作结。由于北宋的劲敌依旧虎视眈眈,造成严重的威胁,北宋朝廷不得不依靠更多精兵强将来守住疆土。在这种趋势下,军队数量不断增多,而战斗力却未见提高。

基于军事现状分析,王安石奏请朝廷废除北宋初年订立的"更戍法",强力推行军事改革。王安石与宋神宗对话时说,"募兵之害,终不可经久""今养兵岁多,及用则患少,以兵与民为两故也"。王安石实行变法的目的是富国强兵,试图在短时间内一举扭转积贫积弱的局面,他的改革方案也大都是围绕这一目的而设计和推行,这与宋神宗的想法不谋而合,因此得到支持。

王安石军事改革主要有两个方面:一方面精简军队、裁汰老弱、合并军营；另一方面实行"置将法"。

王安石整顿军队的诸多举措中，力度最大的莫过于裁兵。首先，他命令将领对禁军和厢兵进行军事素质全面考核，以便在百余万人的军队中选拔出一支战斗力精良的部队。他与枢密院大臣及军中将领商议后，制订一系列措施。对于军队中那些身高不合格、体能不达标、通不过考核的，不管军龄多少，一律淘汰，逐级下放，甚至免去军职。而对地方保甲中的乡兵来说，凡是有能力、有本事的，无论做什么的，都可破格选进禁军，都发给军饷，以此鼓励青壮年自愿加入军队，使募兵制向征兵制过渡。同时，王安石还建议取消士兵刺脸刺手背的规定，应"以礼文奖养"，使士兵学会自重自尊，以此改掉长期以来雇佣兵"无赖奸猾"的坏习惯。此外，他还规定实行大营制，将军带兵为本部兵，也就不用再刺青以区分兵将了。

淘汰冗兵后，王安石又对各地兵力进行合并精简，将大批将帅裁汰或选调他任。其中仅陕西一路，骑兵和步兵加起来原本有三百二十七营，精简为二百二十七营，裁汰精简冗兵近三分之一。如此大手笔，足见王安石的勇气和魄力之大。

"置将法"又称"将兵法"，简而言之，就是把各路的驻军分为若干单位，每单位安排将与副将各一人，专门负责操练军队，提高军队素质。王安石对全国各地驻军进行调整，在全国设置九十二将，其中京畿设三十七将，鄜延五路设四十二将，东南六路设十三将。每将统领三千至一万人，将以下设置部，部以下设队，一队约五十余人。将官有责任派具有丰富战场经验的将领进行军事训练，每日早晚各训练一次，练习武艺。不再随意改调领兵将领，逐渐改变将不知兵、兵不识将的弊端。如此，将领便拥有一支相对固定的军队，且将领的权力不受州县长官干预，这无疑增加了将领的权威。同时，通过对部下进行严格的训练，达到提高军队整体战斗力的目的。

王安石全面整顿军队，取得显著成效。通过简兵置将等措施，北宋军队的人数从一百一十六万余精减到五十五万余，裁军数量超过一半。更重要的是，引入竞争机制后，北宋军营中的士气大受鼓舞，将士作战时奋勇争先，吃苦耐劳，不贪生怕死。在十多年后的一场战役中，宋军"不满千人，降贼数万，斩获著名凶悍酋豪十数，贼丧气亡遁"。

王安石还非常重视军需物资的供应，尤其是作战兵器和战马的供应。神宗熙宁六年（1073 年），王安石又开始进行军器管理整顿。

军需军器原由三司盐铁部的胄案管理。在京城开封设有南、北作坊和弓弩造箭院，在各州设有制造兵器的作院。南、北作坊掌造兵器。弓弩院掌造弓弩、甲胄、剑、镫，由诸司使、诸司副使及内侍二人兼领。这些作院的规模很大，工匠甚多。兵器制造作院内工匠的任务和分工很细，且生产有定额。此外，还有修筑城池的壮城军、建造战船的船坊军、修筑路桥的桥道军、担任运输的装发军以及治理河道水路的河清军等。但是，由于管理层次过多过滥，军器生产品质低下，而耗费逐日增多。

是年六月，王安石奏请废除胄案，设置"军器监"，统一管理全国各地兵器的制作。他建议，择"知工事之臣"，"使专其职"，置判官、通判各一人。在"军器监"的管理上，他还制订了新管理办法，分工明确，有火药、青窑、麻作等共十一目，且有一套严格的奖惩制度，严禁把相关技术外传，奖励发明，以改进兵器。考核军器监下属官吏时，也以制作武器的优劣作为官员升迁的标准和依据，若有武器制作不精者，视情节轻重，黜陟其官职。军器监设立后，成效显著，兵器的品质、数量都有很大提高，尤其是神臂弓，既坚韧又锋利，十分优良。连沈括也夸赞神臂弓可"射三百步……最为利器"。

王安石强力推行军事改革，"四方有志之士，諰諰然常恐天下之久不安"的忧患意识已经超出个人的思想与格局，具有切实的社会意义。

那年，熙河路经略安抚使王韶率宋军进攻吐蕃，一举收复河（今甘肃省临夏市）、岷（今甘肃省定西市岷县）等五州，拓地两千余里，受抚羌族三十万帐，建立起进攻西夏地区的有利战线。王安石闻讯，欣喜万分，与朋友庆贺"熙河之役"大捷，并接连写了《和蔡枢密孟夏旦日西府书事》《和蔡副枢贺平戎庆捷》《次韵元厚之平戎庆捷》《次韵王禹玉平戎庆捷》等诗作欢庆胜利。

次韵元厚之平戎庆捷

朝廷今日四夷功，先以招怀后殪戎。

胡地马牛归陇底，汉人烟火起湟中。

投戈更讲诸儒艺，免胄争趋上将风。

文武佐时惭吉甫，宣王征伐自肤公。

此诗为王安石与友人元绛的唱和之作。显然，首唱的作者元绛也在为"熙河之役"大捷而欢呼。这场战役是北宋几十年来不曾有过的一场胜利，对士气民心是极大的鼓舞。而对王安石而言更是意义非凡，更加坚定了他深化改革的决心和信心。

疑有高鸿在寥廓

　　王安石在几年的变法实践中，更加深刻地认识到欲求革新，必先得人才，而欲得人才，必须从改革教育入手。王安石认为，学校教育要择人而教，教以实用、文武兼备。实用主要指经术，不同于科考中的明经科，是"经世务"之术。他指出，唯有学习"经世务"之术，才可培养出为变法服务、有处理实际事务能力的全能型人才。

　　但隋唐开始的科举制将广大读书人都限制在诗赋儒经之中，他们所学的知识大多脱离实际，该制度施行的时间越长，显示出的弊病也就越明显。自隋唐以来，各代王朝的统治者都实行科举取士，打破自魏晋南北朝时期的九品中正制，为广大的庶族地主和寒门人士提供了参政的机会，有力地抑制士族门阀的势力，人才的选拔也较为公平。但科考的内容并不实用。宋初沿用唐朝旧制，所试科目涉及诗赋杂文及帖经墨义。宋仁宗当政时曾听从范仲淹的建议，取消了帖经墨义，考试的科目改为先考历史或政治，次考经典古籍。

此二科通过后，再考诗赋和策论。这就是范仲淹推行的"精贡举"，其核心是加考实用学问。

在此基础上，王安石进一步提出将进士殿试科目诗、赋、论三题改为时务策，并于神宗熙宁三年三月试行新规。是年春闱，王安石委派吕惠卿任廷试主考，评定叶祖洽为第一名。苏轼对此持有异议，上《拟进士对御试策》给宋神宗。奏疏被宋神宗转给王安石。当他读到"凡人为善，不自誉而人誉之；为恶，不自毁而人毁之"时，气得直嚷嚷。但当他冷静下来时，又开始对科举取士的改革进行反省思考，还作了《详定试卷二首》。

详定试卷二首

其一

帘垂咫尺断经过，把卷空闻笑语多。

论众势难专可否，法严人更谨谁何。

文章直使看无颣，勋业安能保不磨。

疑有高鸿在寥廓，未应回首顾张罗。

科举是联结人才培养与任命使用的关键环节。但士人"闭门学作诗赋"，不谙世事，加之选才用官无方，导致人才"乏少"。王安石直接抨击以诗赋取士的科举制度，请求优先起用具有经世济国之才的举子。他坚信"天下之广，人物之众"，必有可用之才。

王安石还曾指出："今人材乏少，且其学术不一，……朝廷欲有所为，异论纷然，莫肯承听，此盖朝廷不能一道德故也。故一道德，则修学校，欲修学校，则贡举法不可不变。……今以少壮时正当讲求天下正理，乃闭门学作诗赋，及其入官，世事皆所不习，此乃科法败坏人才。"他清醒地认识到，培育人才的工作是一个复杂的社会过程，绝非仅靠学校教育本身所能完成。因此，必须从整个社会出发，从各方面建立和健全一整套合理的制度。对此，他提出的主张是"教之、养之、取之、任之"，使各个环节皆"有其道"。概而言之，就是"陶冶成才"。

所谓"教之"之道，就是由各级学校"陶冶成才"。王安石主张取缔私学，多办官学，众建贤才。一方面增加学校学科的种类，增设武学、律学、医学，培养多方面人才以满足社会不同需求；另一方面则是扩大生源，增加学生人数、各州县设立学，将官学教育作为培养和造就人才的主要基地。

"养之"之道，则是针对物质待遇和管理而言的。在严格管理的条件下，应当满足士人们的基本需求，使那些人才得以正常生活、顺利成长和安心工作。王安石还提出要"以薪养廉"，使那些贫寒文士得到基本的生活保障。这是在满足其一定的物质需求后，用礼节和道德来约束人才的行为。

"取之"之道，即人才的选取。王安石主张取之以事，因事而择人。无论是由学校培养出来的人才，还是从实际工作中成长起来的人才，都需要有一个认定的过程。因此，要从多方面考察人才，保证选拔出来的人才能够成为国家需要的有用之士，而不是无所事事的平庸之辈。选拔出人才后，还要反复考察其处理实际事务的能力，而不是"一举定终身"。

"任之"之道，是就人才的使用而言的。王安石认为，朝廷用人应专一，并以实用为主。只有使用得当，才能发挥人才的作用，人才的价值才算实现；若使用不当，不仅不能让人才发挥作用，甚至有可能会对人才的培养、教育起反作用。"陶冶成才"的根本目的在于成才，而一个人只有在找到适合其工作的岗位后才能成为人才。在王安石的"陶冶成才"观中，不仅包含对人才的教育，还包括对人才的管理。比如，他后来提到的"约之以礼""裁之以法"等，都非常精辟。

神宗熙宁四年初，王安石向朝廷提交了改革贡举法议案，宋神宗将此议案交给朝廷的有关部门议论。这一议案一经提出，朝中那些靠科考入仕的官员立刻站出来提出反对意见，苏轼的言辞最为激烈。他坚决不同意取消诗赋和明经诸科，他说："唐朝至今，靠诗赋起家而成为名臣的大有人在，又何曾有负于天下，以致如今非要废除？"他的这一观念还得到宋神宗的嘉许。

王安石当即反驳道："学者之所教，讲说章句而已。讲说章句，固非古者教人之道也。而近岁乃始教之以课试之文章。夫课试之文章，非博诵强学穷日之力则不能。及其能工也，大则不足以用天下国家，小则不足以为天下国家之用。故虽白首于庠序，穷日之力以帅上之教，及使之从政，则茫然不知其方者，皆是也。"他的意思很明确：读书人应研讨和探索治理天下的正理，可现在的人却闭门埋头，只顾学如何做诗赋，待他们做官时，却对做官应尽的责任茫然无知。可以说，这种科举制度必须改革，它甚至还不如古代的选拔制度。

二月，朝廷正式颁布新贡举制，取消诗赋和明经诸科，专考经义、论、策。王安石对科举的这项改革很有信心。他主张取消诗赋记诵，改考对朝廷实际政治问题的见解；考经学时取消记问传写，改考对礼乐等实际问题的看法。另外，还增设了明法科，考察律令和断案。

宋神宗虽在朝堂上支持苏轼等人的观点，但他还是毫不犹豫地颁布新规。显然，他只是不愿看到王安石与那些书生气十足的文士争吵不休。王安石没有机会与苏轼辩论。为进一步推动科举改革，他写了一篇议论文《材论》。文中写道："天下之患，不患材之不众，患上之人不欲其众；不患士之不欲为，患上之人不使其为也。夫材之用，国之栋梁也，得之则安以荣，失之则亡以辱。然上之人不欲其众、不使其为者，何也？是有三蔽焉。其尤蔽者，以吾之位可以去辱绝危，终身无天下之患，材之得失无补于治乱之数，故偃然肆吾之志，而卒入于败乱危辱，此一蔽也。又或以谓吾之爵禄贵富足以诱天下之士，荣辱忧戚在我，吾可以坐骄天下之士，而其将无不趋我者，则亦卒入于败乱危辱而已，此亦一蔽也。又或不求所以养育取用之道，而慁慁然以为天下实无材，则亦卒入于败乱危辱而已，此亦一蔽也。"

苏轼自然也不甘示弱，又呈上《再上神宗皇帝书》。他在奏疏中不仅反对科举改革，还诉责其他新法的种种不利，矛头直指王安石。

改革科考内容，实际上已演化为一场文化变革运动，进而成为政治意识形态和体制的变革运动，其最终目的是要为推行政治体制革新打下坚实的理论基础，培养一批能够为现实政治服务的治国之才。王安石的这一经世致用思想在他的诗歌中也有所体现。

孟子

沉魄浮魂不可招，遗编一读想风标。

何妨举世嫌迂阔，故有斯人慰寂寥。

在诗中，王安石表明自己要像孟子那般阐明儒家道义，并达到以此治国的目的。但王安石心里明白，要想改变人们意识形态里根深蒂固的观念十分艰难，不能一蹴而就。他已经做好长期规划，重点是重新诠释经义。自古流传的典籍经义未必能切合现实中存在的问题，对政事不一定有实际帮助。作为科考的主要内容之一，统一经义就是统一读书人的意识，而托古改制的一个重要方面就是从社会现实需要出发，重新领会和理解古代的典籍文献，作为改革的理论依据。因此，王安石向宋神宗奏请派专人修撰、解释历代科考中用到的典籍。

神宗熙宁五年，宋神宗在朝堂上宣布将颁行新的经义，同时还颁布了"市易法"。苏轼彻底失望了，前几次上奏反对改革，宋神宗至少在表面上支持他，这次连表面文章也不做了，说明宋神宗铁了心要把科举改革进行下去，于是他再次向朝廷申请外放。这一次，苏轼的奏请得到宋神宗恩准，他被外放为杭州通判，是年七月赴任。

神宗熙宁六年，宋神宗任命王安石提举经义局，由吕惠卿、王雱等兼修撰，重新解释《诗》《书》《周官》等书，后来这三部经书的讲义被合称为《三经新义》。宋神宗称赞道："今年从南方所得的大多数有名举人都很倾向于义理之学，这是一件好事。"科举法的改革，在宋一代确实倡导了读书人倾向于义理之学的读书风气，科举改革带来的进步作用是显而易见的。

如今始悟君难托

神宗熙宁六年，王安石主持变法达到高潮，从启动变法开始，就得到神宗高度信任，全面议行新法，将变法从经济领域扩展到军事、政治、文化、教育等各领域。

是年七月，华山发生一次罕见的山崩，一时间朝野上下人心惶惶。那些别有用心的人乘机抨击新法，说山崩是上天对人间的警告。宋神宗虽受王安石"三不足畏"观点的影响较大，但始终对苍天神灵心存敬畏。他将自己的寝宫移至勤政殿偏殿，以示对神灵的忏悔与敬仰。

枢密使文彦博见宋神宗心有所动，于是进一步上书"渗透"，说宋神宗被王安石蒙蔽，坚持变法，弃用祖制以致惊动上天。这只是一次小小的警告。王安石没料想这位曾经欣赏自己并对他主持国政十分支持的前宰相竟变卦了，他毫不留情地指责文彦博信口胡言、诋毁新法。而此时，宋神宗依然没有明确表态，文彦博一气之下提出罢官。文彦博是四朝元老，为稳固朝纲，宋神宗自然不会准许他罢官，便命他为河东节度使，迁至大名府。

王安石觉得变法离成功越来越近，劲头也更足了。同时，他也感觉到朝中支持他变法的人越来越少，孤独感越来越强烈，但他变法的决心并没有动摇。是年初秋，王安石独自在庭院踱步思考问题，抬眼望见一棵高大的梧桐树直挺挺立在面前，顿生感慨，作了一首《孤桐》。

孤桐

天质自森森，孤高几百寻。

陵霄不屈己，得地本虚心。

岁老根弥壮，阳骄叶更阴。

明时思解愠，愿斫五弦琴。

王安石在诗中借"孤桐"言志，孤桐就是他的人格写照：在变法中，尽管受到种种打击，但他志存高远，正直不屈。经历的磨难越多，他的斗志越坚。为天下苍生，他将不计个人得失。梧桐挺拔，在于它"得地本虚心"，善于从大地汲取养分和力量。王安石通过写孤桐，表明自己在改革中，虽然遭遇很大阻力，但仍要凭借自己的正直虚心、端正品格，以及顽强的意志力把新法坚决推行下去的决心。

然而，形势的发展远不及王安石想象的那么乐观。或许是老天故意与他作对，就在他准备将变法全面深入时，发生一场北宋历史上罕见的旱灾。自七月至翌年（神宗熙宁七年）春，大半年没有落下一滴雨。赤地千里，秋粮无收，春粮又无望，缺水断粮，饥民遍野，朝野上下，一片恐慌。

各地饥民增多，有的地方还出现暴乱，京城流民猛增。城内的禁军出动，骑马扬鞭驱赶着饥饿的流民，斥骂声、哭叫声彻夜不绝。城外的禁军则封锁进城的通道，将流民挡在城外。

神宗熙宁七年（1074 年）春，宋神宗在早朝时，询问诸位大臣是否有应对这场大旱灾的计策，文武百官非但拿不出好的对策，还将造成天灾人祸的责任全都推给王安石，说究其根本，在于他不顾天理、乱行变法。宋神宗非常生气，忿忿说道："朕不是要你们追究旱情的责任，朕只要你们尽快拿出解救这场旱灾的法子，是具体措施，是办法！"

众臣议了半天，最后还是只想到老法子——打开国库粮仓，救济饥民；开坛祭天祈雨；将王安石免职，停止变法。

散朝后，大臣们都退堂，只剩宋神宗和一个内侍还待在紫宸殿。宋神宗抬眼扫视一周，堂下静悄悄的，刚才的鼓噪声业已平息。宋神宗心里很清楚，朝臣们的议论是有人想借机阻止变法，但他也相信，眼前的天怒人怨与王安石的变法多少有些关联，不禁对变法心生质疑。据明代陈邦瞻编撰的《宋史纪事本末》记载，神宗熙宁七年事云："自去岁秋七月不雨，以至于是月（按：三月），帝忧形于色，嗟叹怨恻，欲尽罢法度之不善者。"

王安石听闻宋神宗有意停止部分新法度后，进宫劝慰宋神宗说："陛下不必过度焦心，旱涝都是天灾，在尧汤时也时常发生。陛下即位以来，连年丰稔，如今数月不雨，不会有大害。我们能做的，唯有力行善政。"

宋神宗心中不悦，说道："朕所担心的正是我们所施之行并非善政。朕听闻新法的商税太重，外面怨声载道，朝野上下、宫内宫外闹得满城风雨，连太皇太后、皇太后都知此事，且都说这是弊政。"

当天下午，宋神宗用餐时让人撤去御膳，只喝了一碗稀饭，并宣布从这天开始他的伙食减半，所有京城官员不论品级，薪水减半。

这与他登基之初，坚持在郊祭大典上发赏钱的做法截然不同，表面上是注重节约，实际上是为当初"节流"与"开源"之争翻案。

当晚，宋神宗传召翰林学士、开封知府韩维进殿，连夜起草诏书。他之所以召韩维拟旨，基于三点考虑：一来，韩维是翰林学士，曾担任知制诰，对内廷文书的撰写可谓轻车熟路；二来，韩维是开封知府，京城有事，理当由他处理；三来，王安石是韩维极力推荐的，如今各方矛头都指向王安石，他理应有一个说法。宋神宗一边让内侍备好笔墨，一边喃喃自语："山崩酷旱，难道真是老天对我的惩罚吗？"

宋神宗的声音极低，但一旁的韩维听得一清二楚。他直言回禀道："陛下明鉴，山崩地裂、天旱无雨皆为自然灾害，陛下担忧苍天惩罚而不居正殿，减少膳食，这不过是寻求心理慰藉而已，对救灾恐怕并无太大益处。"

宋神宗紧锁眉头，问道："那你说朕还能有什么应对之策？"

韩维说："根源还在变法。这场变法由上至下，上面有人反对，陛下可以将他免官、外放，但对百姓的反对却毫无办法。既如此，不如索性下一道《罪己诏》，说明变法中的过失，并广开言路，向广大百姓求纳应对灾害之策。"

宋神宗说："卿家所言甚善，朕也想过将新法中不善者剔除。此举正好征询下面的想法，暂停新法中不合理之处。"

韩维从对话中得知宋神宗对变法已有所动摇，因此他在代写的《罪己诏》中，列举许多新法的不合理之处。诏中言："意者听纳不得于理与？狱讼非其情与？赋敛失其节与？忠言谠论郁于上闻，而阿谀壅蔽以成其私者众与？"意在使宋神宗痛责自己，说因自己治国无方而得罪上天，导致天灾频繁降临。他号召文武百官向朝廷提建议，言语极为恳切。

第二日早朝，宋神宗颁布《罪己诏》，并罢止方田、保甲二法。史载"诏出人情大悦。有旨体量市易、免行利病，权罢力田、保甲，是日乃雨"。时为四月中旬。

王安石闻诏，心急如焚，却又无力反驳和抗议。《罪己诏》刚一颁布，老天便"开恩"下了一场大雨，正好印证了反对变法者所说的天灾人祸都是变法惹的祸。王安石有些惘然无措，思来想去仍不明白为何会发展成这样，他愤而提笔写了一首七言律诗《雨过偶书》。

雨过偶书

霈然甘泽洗尘寰，南亩东郊共慰颜。

地望岁功还物外，天将生意与人间。

霁分星斗风雷静，凉入轩窗枕簟闲。

谁似浮云知进退，才成霖雨便归山。

这场雨若早来几天，不仅能一展万民愁颜，还能慰藉王安石的一番苦心，变法的前景也会截然不同，他比任何人都希望下一场及时雨。可偏偏天公作弄了他，于他而言，这雨下得实在不是时候，不仅于救灾无益，还使两项新法无可争议地废止了。王安石深感沮丧、失望，虽时值夏天，却感到阵阵寒意向他袭来。心灰意冷之际，他上呈《乞解机务札子》，自请罢相。他在奏疏中说："臣伏蒙圣恩，特降中使传宣封还所上表，不允所乞。臣诚惶诚感，不知所措。窃念臣蒙陛下恩德，至深至厚。方陛下旰食焦思之时，岂宜自求安佚？实以疾疢所婴，旷废职事，若不早避贤路，必且仰误任使。恳恳所诉，具如前奏。伏惟陛下天地父母，曲赐矜怜，察臣干祈，出于甚不得已。臣生当陨首，死当结草。谨再具札子陈乞。臣无任惶怖恳迫祈恩之至。"

这是王安石第五次上书，请辞的理由是身患热疾，无法忠于职事，要让贤养疾。宋神宗自然知道王安石的"病因"所在，未准。其实，宋神宗的本意也不是要废止全部新法。虽然方田、保甲二法暂停，但王安石的军事改革是成功的，而且宋神宗富国强兵的目标也仍未变。他还是希望王安石能将变法更巧妙、合理地进行下去。

然而，福无双至，祸不单行。就在宋神宗对王安石还存有最后一丝希望之时，又发生《流民图》一事。宋神宗下《罪己诏》后，每天都会收到众多关于流民的奏折和大臣反对变法的奏折，尽管他怀疑其中有不少是捏造的事实，但也相信变法只是因不完备而造成偏差和失误。可一件又一件事情摆在面前时，他不得不对王安石的变法产生更深的怀疑。

其中，有一折是一个京城小吏呈送的。事先，他担心自己的奏疏难达圣听，于是别出心裁，拿着纸和笔，整日在城门口与流民们交谈，记录流民们的言论和生活情景，而后汇集具奏。此人叫郑侠，福州福清人。英宗治平四年（1067年）进士，曾任光州司法参军。他心思缜密，精明干练，在光州审理的案件报到朝廷，全部得到宰相王安石的批准，没有一件驳回重审。他自认为王安石欣赏他，因此极力讨好王安石。

郑侠在光州任满后按例进京听调。此时，王安石推行变法正需要人才，最初认为郑侠是可用之才，便亲自面试，让他谈论对推行新法的看法。郑侠还未弄清王安石的意图，就信口开河，大谈"青苗法""免役法""保甲法""市易法"以及边境用兵的种种弊端，强调这些新法引来百官和百姓的诸多不满，并将他记录下来的民间言论转述给王安石。

王安石听罢哭笑不得，沉默不语。后来，他想提拔郑侠到经修局任职，但郑侠以资历浅、没有学过这些新法为由，拒绝任命，只给王安石写去一封信，信中依旧痛陈新法病民，一味地反对新法。王安石还是想劝他加入到变革中来，提拔他为检讨，还派幕僚黎东美去讲明自己的意思。郑侠却说："鄙人浅陋，读书甚少，不足以任检讨之职。我之所以来投靠，只不过是想求教于相君门下。而相君动辄以官禄相诱，此等做法是否将士人看得过于浅薄？"如此，王安石认为，郑侠是一个强硬的反对派，便让郑侠任职监安上门，也就是看京城大门的门卫。

这是带有惩罚性的任命，郑侠心知肚明，开始忌恨王安石，时时寻找报复的机会。但是，他亲眼看见那些反对变法的高官重臣一个个被贬出京城，他实在太渺小，要想撼动王安石这棵大树，恐怕比登天还难。他只能忍辱等待。

郑侠没等多久机会就来了。这次天灾来势凶猛，民怨沸腾。他在巡逻之时，常看到一些难民涌进京师，充塞于京城的大街小巷。他们形容枯槁、破衣烂衫，沿门乞食，惨不忍睹。忽然间，郑侠灵光乍现，发现可以借助民众的力量。于是，他用几天时间收集民言，并画了十几幅难民图，准备亲自呈皇帝御览。谁知刚到皇宫门口，门卫便将他轰了出来。吏治规定，正四品以上官员才有资格请旨，且获恩准后才能面见皇帝。像郑侠这样的小吏，除非皇帝主动召见，否则是不可能入宫见驾的。

郑侠毕竟是进士出身，又在官场浸染多年，很快想到一招。他假借在宫外办公的银台司的名义，谎称有急件需马上呈皇帝御览。如此，这份奏章越过了中书门下省直接摆到宋神宗的桌案上。这幅《流民图》震撼了宋神宗，图中所绘尽是百姓身无完衣、啼饥号寒、口嚼草根野果的惨状。许多人身披锁械，犹负瓦揭木、卖以偿官，老弱妇孺奄毙沟壑，累累不绝。郑侠还在奏折中写道："微臣听闻南征北伐的将领都是将军事重地的山川形势绘成图拿来给皇上看，料想没有一人将天下百姓典妻卖子、斩桑坏舍、流离失所、惶惶不可终日的困苦情状向皇上汇报的。这里微臣仅就自己逐日看到的情形绘成一幅画，呈给皇上。这些情形只要一看，就会哀痛不已。难道还有什么比这些百姓更困苦的吗？若陛下采纳微臣之见，而十天之内还不下雨，就请将微臣推出宣德门外斩首，以治欺君之罪。"

宋神宗看罢图册已是伤心垂泪，读罢奏折，更是深为流民痛心。他长吁短叹，自责不已，也被郑侠誓死效忠的刚毅而感动。当晚，宋神宗彻夜未眠，他明白郑侠这幅图的矛头直指王安石的新法。无论如何，他作为一国之君，都要对臣民有个交代。

次日，宋神宗命开封府酌情削减免役钱，让三司考察市易的情况，司农负责开仓放粮，三卫将熙河的用兵情况、各路将百姓逃亡流散的情况等一一向上汇报。

不巧的是，据说那场暴雨就是在郑侠上呈《流民图》后的第三天下的。足量的雨水解除了旱情，众臣纷纷入朝祝贺。这时，宋神宗拿出郑侠所绘的图册，说这是郑侠呈上的难民图，看了这幅难民图后，他才知道新法已经引得天怒人怨。过去，他只深信新法便民，从未有人上报过如此荒唐之事，并告诉众人前后经过。

吕惠卿和邓绾把郑侠恨得咬牙切齿，痛骂郑侠败坏朝廷规矩，请求交刑部法办。接着，吕惠卿声泪俱下地对宋神宗说："几年来，陛下废寝忘餐，推行新政，已经取得很大成效，天下百姓也一片赞颂，怎能仅凭一个狂夫之言就将新法尽数废止？如此一来，陛下与臣子们多年的心血岂不白费了？"宋神宗对此不置可否，既没理会吕惠卿的哭诉，又没下旨处置郑侠。

王安石见宋神宗的这一态度便担心朝廷可能废止或暂停"免役法""市易法"及"置将法"，对皇帝大失所望。他意识到自己失败了，且输得彻底，几乎没有任何翻身的余地。他满心苦涩，第六次上呈《乞解机务札子》，奏请辞官。他在奏折中说："臣伏奉圣恩，特降中使令臣入见供职。臣之恳诚，略已昧冒。天听高邈，未蒙垂恻。辄复陈叙，仰冀哀怜。伏念臣孤远疵贱，众之所弃，陛下收召拔擢，排天下异议而付之以事，八年于此矣。方陛下兴事造功之初，群臣未喻圣志。臣当是时，志存将顺，而不知高明强御之为可畏也。然圣虑远大，非愚所及。任事以来，乖失多矣，区区夙夜之劳，曾未足以酬万一之至恩。今乃以久擅宠利，群疑并兴，众怨总至，罪恶之衅，将无以免。而天又被之疾疢，使其意气昏惰，而体力衰疲。虽欲强勉以从事须臾，势所不能，然后敢干天威，乞解机务。……"大意为，自己有负圣恩，未按皇上的意图办好差事，招致众臣非议，想再尽力辅佐而身体亏损，恳准辞相。

此时的宋神宗还有些犹豫，恰在这时，他的祖母曹太后和母亲高太后终于从后宫里走出来，在宋神宗面前哭诉"王安石乱天下"，施压逼使宋神宗停止新法。两位长辈的言语成为压垮骆驼的最后一根稻草。宋神宗就范，于四月底下诏，罢免王安石宰相一职，以礼部尚书、观文殿大学士出知江宁府。宋神宗让王安石推荐接替他的人选，他考虑许久也想不到十分合适的，最后只得推举前宰相韩绛和吕惠卿。

被罢官的结果尽管是王安石自请的，但他还是对宋神宗的退缩、变心格外失望。他在离京之前写了一首《君难托》言其心志。

君难托

槿花朝开暮还坠，妾身与花宁独异。

忆昔相逢俱少年，两情未许谁最先。

感君绸缪逐君去，成君家计良辛苦。

人事反复那能知，谗言入耳须臾离。

嫁时罗衣羞更着，如今始悟君难托。

君难托，妾亦不忘旧时约。

　　此古体诗读来像一首哀怨的爱情诗，以木槿花盛开又败落起兴，借助弃妇的自白，刻画出一个在被遗弃后仍然不忘旧情的多情女子形象。相比之下，男子的变心就显得更加浅薄无情。此诗对负心男子进行谴责，对女子无怨无悔的坚贞爱情予以赞美，低回婉转，哀怨而深切。但若只当一首爱情诗来读的话，就偏离了这首诗的本意。将此诗中的弃妇理解为王安石的自喻，诗意就十分明晰了。

　　不过，王安石辞相后一直很平静，除了遗憾，既不哀伤，又无怨恨。他带着家人乘船回江宁，船过长芦崇福禅寺时，眼看要到家了，一家人都很高兴。他也有些兴奋，作《舟过长芦》一诗。

舟过长芦

木落草摇洲渚昏，泊船深闭雨中门。

回灯只欲寻归梦，儿女纷纷强笑言。

　　长芦崇福禅寺位居长江之濒，是北上广陵和汴京等地的必经之路。王安石素与崇福禅寺的住持释智福关系密切，船过寺时，他本想上岸去与释智福叙叙旧，但因下大雨，终未成行。雨水打在河边的芦苇上，芦苇在风雨中飘摇不定，河中的小岛在风雨中也显得昏暗不明。因此，王安石命人将船泊在岸边，一家人在船上关着舱门或听雨声嬉戏，或秉烛话家常，一片欢声笑语。寥寥数笔，勾勒出风雨之中夜泊长芦的情景，不但没有一丝悲凉，反而给人其乐融融的感觉。

　　王安石的儿子王雱因病被准跟随父亲一起回归江宁。王安石除了依宋神宗之命精心修撰经义外，有时间便在城内外漫步，随心所欲地享受这一片大好的山光水色。没几天，就写了一组七律《金陵怀古》，组诗共四首。

金陵怀古

其一

霸祖孤身取二江，子孙多以百城降。

豪华尽出成功后，逸乐安知与祸双？

东府旧基留佛刹，后庭余唱落船窗。

黍离麦秀从来事，且置兴亡近酒缸。

其二

天兵南下此桥江，敌国当时指顾降。

山水雄豪空复在，君王神武自难双。

留连落日频回首，想像余墟独倚窗。

却怪夏阳才一苇，汉家何事费鼍缸。

其三

地势东回万里江，云间天阙古来双。

兵缠四海英雄得，圣出中原次第降。

山水寂寥埋王气，风烟萧飒满僧窗。

废陵坏冢空冠剑，谁复沾缨酹一缸。

其四

忆昨天兵下蜀江，将军谈笑士争降。

黄旗已尽年三百，紫气空收剑一双。

破堞自生新草木，废宫谁识旧轩窗。

不须搔首寻遗事，且倒花前白玉缸。

第一首诗表面上是怀古吊今的嗟叹，实则隐含着对朝代兴衰更替的思考，不仅具有必然性，还具有概括性：得江山难，失江山易。这是历史上所有政权盛衰和国家兴亡的规律，文人式的感伤、眷怀在历史规律面前毫无价值。

第二首诗承接上一首而来，从六朝和五代的兴亡往事转而歌颂宋太祖赵匡胤当年灭南唐、统一中原的千秋功业。他说任何一个国家都不可能靠坚固的城墙和险要地势兴盛不衰，并举例证明这一点。

第三首诗还是颂扬宋太祖荡平群雄、戡定江左的伟绩，不过他的感想已有所不同，金陵是"王气"极盛之地，只有圣明的君主才能降服。而今，"王气"不再，只剩下萧瑟的寒风吹打佛寺的僧窗了。

第四首诗通过回顾旧事，探寻原委，发古之幽思，抒发感慨。这组诗表面上是怀古吊今的嗟叹，却隐含着一层哲理：历史上的朝代兴衰都不是偶然的，骄奢淫逸、不思进取是必败之道，该灭亡的就应该让其灭亡，不必惋惜。这体现王安石的睿智和忧国情怀。

此时的王安石还盼着宋神宗回心转意，他相信这场政治风波很快就会平息，并静待重返京师那一日。

第七章

泪洒官场，一人之力战天下

王安石的再度出山并不如他设想的那般理想，松散的变法集团逐渐瓦解，以往新法的支持者纷纷倒戈，王安石几乎是孤军奋战。加上南北边境争端不断、"保甲法"在朝廷内外激起众怨，宋神宗对王安石的信任开始松动。老年丧子犹如雪上加霜，使王安石下定决心辞官还乡。

险途难尽学须强

神宗熙宁八年（1075 年）二月，宋神宗派遣御药院的刘有方持诏前往江宁，传观文殿大学士、吏部尚书、江宁知府王安石即刻回京。王安石旋即奉诏入京，乘船行至瓜洲，伫立船头，回望钟山旧地，正是春光无限。他感念平生浮沉，情不自禁吟出一首七言绝句《泊船瓜洲》。

泊船瓜洲

京口瓜洲一水间，钟山只隔数重山。

春风自绿江南岸，明月何时照我还。

京口和瓜洲之间隔着一条长江，钟山也就只隔着几座大山，春风已吹到江南，大地又是一片春光。看到此景，不禁又想起自己推行的变法运动，朝廷内部斗争尖锐，他自觉前途迷惘。本诗艺术表现臻于圆熟，"雅丽精绝，脱去流俗"，且无一字无出处，算得上是"半山绝句"的佳句，尤其一个"绿"字，炼字警绝。

王安石此次奉命回朝，显得信心不足。一路上，他仔细回顾和反思过去的变法历程，往事历历在目。变法伊始，对他个人及变法主张的攻击从未间断。王安石则力排众议，据理力争，对宋神宗提出奸佞之论，建议宋神宗辨别小人并加以惩处。

吕诲、韩琦、司马光、欧阳修等人虽是王安石的友人，但他们首先对王安石变法持反对意见。新法推行后，御史刘述、刘琦、王子韶、程颢、张戬、苏轼、谢景温、杨绘、刘挚，谏官范纯仁、李常、孙觉、胡宗愈等人都因与王安石意见不合，相继被贬出朝廷。王安石马上提升秀州推官李定任御史，知制诰宋敏求、李大临，御史林旦、薛昌朝、范育弹劾李定违背孝道，皆被贬出朝廷。其后，吕惠卿因父亲去世回籍丁忧，王安石便对曾布委以重任。紧接着韩琦上疏彻底论述了新法的危害，试图阻止宋神宗变法，曾布又代替王安石逐条分析新法并反驳韩琦，使宋神宗更加坚持新法。为了变法，道德的勇气使王安石坚定不移，不惜一切强硬地驱逐反对派，对恩师、友人、亲信也毫不妥协。如韩维，对王安石有举荐之恩，可他反对变法，把民间有人因为躲避"保甲法"而断腕断指的情况反映给宋神宗，王安石对他意见很大。当宋神宗想提拔韩维为御史中丞时，王安石极力反对。韩维不得已辞绝了这个任命。

不过，那时反对变法的人大多各自为战，并未结成党派，也未明目张胆地争权夺利，至少表面上是出于公心，但这些人都被归为反对派或守旧派。其实王安石与司马光、韩维、苏轼等人的私交都不错，尤其是苏轼，他尊王安石为师，平素多有往来。

苏轼是个有理想、有抱负、有才华、有前途的青年。当初，欧阳修为推动古文运动的发展，变更科举，采取先文论次诗赋的办法进行考试。苏轼的文论本应评第一，但欧阳修怀疑该文是其弟子曾巩所作，为避嫌故将苏轼列为第二。这为苏轼后来反对王安石科举改革埋下伏笔，但并未影响欧阳修、苏轼和王安石的个人往来。王安石很看重苏轼的才华，任参知政事后，想把苏轼留在身边培养，但苏轼对推行新法却不感兴趣。

一天，苏轼去看望王安石，不巧王安石出去了。苏轼在王安石的书桌上看到了一首咏菊诗的草稿，才写了开头两句：

西风昨夜过园林，吹落黄花遍地金。

苏轼爱较真，读了这两句诗心里就开始嘀咕了：都说老师博学，这菊花傲骨凌霜从来只有干枯在枝头，哪见过被秋风吹落得满地皆是？他认为王安石不该犯这样低级的错误，于是，提笔续写了后两句：

秋花不比春花落，说与诗人仔细吟。

苏轼写完心里还颇有些得意。王安石回来看到书案上自己的诗后被添了两句，一问才知是苏轼所添，不禁哑然失笑。他笑苏轼只知事物的一般性而不知凡事皆有特殊，这正是苏轼恃才傲物、爱较真的本性。后来，苏轼因"乌台诗案"被贬去黄州，重阳节那天，他与好友陈慥到花园赏花时，发现菊花被西风一吹，便遍地铺金，竟是落瓣。陈慥解释说："别地菊花一般是不落瓣的，唯有黄州的菊花特别，一遇西风就落瓣。"

经陈慥一解释，苏轼恍然大悟，随后又感到羞愧。回开封后，苏轼还专为改诗一事向王安石道歉。后来，人们将这件逸事演化成王安石对苏轼改诗不满，将他贬去黄州作为报复。实际上，真相往往比故事演化得更离奇，也更生动。

苏轼的确属于反对派。王安石变法之初，苏轼就批评王安石

"求治太急，听言太广，进人太锐"，主张"镇以安静，待物之来，然后应之"。尤其反对科举改革，王安石授意御史谢景温向神宗弹劾苏轼的过失，苏轼得不到皇帝重视，自请外放，出任杭州通判。

同样，司马光、欧阳修、韩琦等人皆为自请外放。此时新旧势力的斗争比较温和，他们只是政见不同而已。王安石处置反对派比较强硬严厉的，有吕公著、唐坰、文彦博等人。他们都有一个共同特点，表面上或者先期支持过王安石，但在真正推行变法后，他们又反戈一击，让革新派不堪承受。为把变法进行下去，王安石不得不采取强硬手段。在这场斗争中，有被贬职的、有被气死的、有病死的、有忧愤而死的，但没有一人被削职为民，更没有被杀。

那些反对派除了死去的，绝大部分还官居高位，王安石此次重返京师自然心有忌惮。他不相信这些人会回心转意支持变法，他的内心矛盾重重，感觉自己肩挑重担，已力不从心，但又不忍放弃变法成果。三月底，王安石写了一首《咏石榴花》。

咏石榴花

波绿万枝红一点，动人春色不须多。

衰俗易高名已振，险途难尽学须强。

人们分析这首诗不完整，却无人知晓原诗是怎样的。此诗写石榴满树只发一花，取意为一枝独秀。在浓绿的背景下点缀一朵红花，画面变得活泼而妖艳；石榴之艳美、珍贵，并不在于其万紫千红、妖娆多姿，而在于花朵在浓绿的映衬下越发显得鲜艳妖媚。其引申意义为，做事讲求出奇制胜，一个好的创意胜过平庸流俗，在万绿丛中要争取做那一点鲜红。王安石以此激励自己，但他对一手提拔的变法新秀也持怀疑态度，难以相信他们能初心不改地将变革进行到底。

　　事情的发展正如王安石所料，在他辞相离京之后，韩绛任同平章事，吕惠卿任参知政事，变法运动由韩绛、吕惠卿等人负责。初任时，两人为报王安石提拔之恩，仍继续实行王安石制定的方针政策，可谓萧规曹随，一丁点也不肯改违。因此，人们送他们二人两个绰号：韩绛为"传法沙门"，吕惠卿为"护法善神"。然而，王安石所信任的这些人多数是出于政治投机的动机，并非真心拥护变法改革。他们只想借此捷径，实现自己飞黄腾达、青云直上的目的。时隔不久，他们为各自的利益，走上不同的道路。

　　吕惠卿提拔族弟吕升卿、吕和卿等人，积极扶持自己的势力，打击变法派内部的其他成员。第一个遭受打击的是三司使曾布。吕惠卿与曾布素有嫌隙，他想拔去这个"眼中钉"。恰逢此时，曾布上表奏称："市易法扰民。此种不良政治，在秦、汉衰乱时，亦未曾有过。而提举市易司吕嘉问又请贩盐鬻帛，岂不贻笑大方？"吕惠卿便以阻挠新法罪弹劾曾布，将他逐出京城，贬到饶州去做知州。同时，吕嘉问也因奏请"贩盐鬻帛"而遭宋神宗厌弃，被免职。

　　因"方田法"已被废止，吕惠卿采用吕和卿的建议，提出与方田法有很大差别的新法：将民间的土地、房屋、宅基地、牲畜和所有资产据实估价报官，官府按估价总额抽税，凡隐瞒不报者，则重罚。这实际上是将土地税扩大，加征了资产税。如此，民间寸土尺椽都要纳征，养鸡饲牛也要纳税，百姓苦不堪言。

　　此时，郑侠又站出来反对吕惠卿，他故伎重施，又绘了一幅图画，名为"正人君子邪曲小人事业图"，所绘乃唐代贤臣奸佞图像，魏征、姚崇、宋璟等被称为正人君子，李林甫、卢杞等号为邪曲小人。同时，郑侠还呈上一份五千字左右的奏疏，力陈当时朝廷的政治得失。

吕惠卿对郑侠恨之入骨，本想置郑侠于死地，但宋神宗出面调解："侠所言非为身也，忠诚亦可嘉，岂宜深罪？"最后，将郑侠贬谪至偏远的英州（今广东省英德市）。参知政事冯京在郑侠遭贬后，也被免职，出任亳州知州。理由是郑侠在画册中将他列为君子。此时，吕惠卿为个人的名利和权威，向反对派和内部"变节者"痛下杀手，不仅划分出新旧党的分水岭，还使矛盾激化成敌对性质。

王安石的弟弟、崇文院校书王安国也被划入反对派，平素与郑侠走得较近。王安石辞相后，宋神宗觉得有愧于一心推行变法大业的王安石，便将他的弟弟王安国擢升为御史中丞。王安国对吕惠卿颇有成见，曾几次提醒哥哥王安石说吕惠卿是个佞人、骗子，应远离这样的小人。有一次，王安石正在和吕惠卿商量政事，王安国见势，故意在屋外吹起笛子自娱自乐。正在议论兴头上的王安石不堪其扰，冲着外面的弟弟喊道："停此笛声如何？"王安国即刻回敬说："远此佞人如何？孔夫子曾说，驱郑声，远佞人。兄长如能远离这等阴险之人，我便停此笛声。"吕惠卿知道王安国说的"佞人"就是自己，因此怀恨在心，准备寻机报复。可是，眼下宋神宗却要重用王安国，这对吕惠卿是个不小的威胁。为打击王安国，吕惠卿指使叶祖洽状告王安国是郑侠同党，恳请宋神宗将他免职。

接着，吕惠卿又将矛头指向蔡确。蔡确一方面用王安国之事大作文章，将吕惠卿说成是背信弃义、人格低劣、祸国无耻的宵小之辈，另一方面又让亲信邢恕撰写文章，抨击吕惠卿的变法主张。吕惠卿则针锋相对，告蔡确用人不当，重用对新法持反对意见的邢恕，还收集蔡确与辽使苟且合谋的不法证据，立誓要扳倒蔡确。

吕惠卿将冯京、郑侠、王安国逐出京城后，气焰更加嚣张，行事更加专横跋扈，凡事都不同宰相韩绛商量而自作主张。他担心王安石回朝后夺走他的权力，干脆一不做二不休，设计诬陷王安石，让他永不得翻身。吕惠卿得知山东发生一起亲王谋反案，团伙中有一人是王安石的友人。于是，他将此事大肆渲染，告王安石与谋反案有勾连。

革新派内部的分裂瓦解使党争变得更加复杂。韩绛等人对吕惠卿的所作所为极为不满，奏请宋神宗让王安石回朝。宋神宗见局势愈发不好控制，便密诏王安石火速回京。自王安石辞相后，宋神宗做任何事都无人给他出谋划策，政务繁杂、边事又起，病中的他愈加焦头烂额，忧心忡忡。

王安石在归京途中，就对京城政局有过细致分析，他料想朝中形势严峻，到京当晚，便入宫觐见宋神宗。当王安石重新站到宋神宗面前的一刻，他精神大振。王安石近前行礼："微臣叩见皇上！"宋神宗激动得竟不知说什么才好，愣了好一会，才急忙对内侍说："快给王爱卿看座。"君臣二人长谈一个多时辰。次日，宋神宗下诏宣布王安石官复原职。

但是，这并不代表革新派内部的斗争就此结束。吕惠卿的政治野心未能实现，自然对王安石心生忌恨，并处处给王安石设置障碍。吕惠卿先前的盟友——御史中丞邓绾又回到王安石那边去了。他向王安石检举揭发吕惠卿的所作所为，还暗中与王安石的儿子王雱商量，控告吕惠卿向华亭商人勒索铜钱五百万缗。王雱打算搜查并夸大吕惠卿的其他罪证，让他坐牢。邓绾是个典型的"两面派"，哪边得势就倒向哪边。王雱则为父亲打抱不平，结果却被父亲大骂一通。

是年六月，朝廷颁行王安石主持编写的《三经新义》，作为学子的教案。未久，又加封他为尚书左仆射兼门下侍郎。

此时，御史蔡承禧也投靠了王安石，上书弹劾吕惠卿，说他欺君枉法、结党营私。宋神宗见对吕惠卿不满的人越来越多，便在十月将他贬出京城，出任陈州知州。与此同时，三司使章惇也被邓绾等人弹劾，被贬为潮州知州。

有个叫吴孝宗的官员，曾极力诋毁新法，他见王安石又被起用回京，一反常态，写了《巷议》十篇呈送给王安石，内容是编造的，说街巷之间的百姓都在议论新法的好处。王安石不为所动，认为此人反复无常，对他极为鄙视。

代行宰相之职的韩绛将王安石盼回后，不想继续站在风口浪尖上提心吊胆地过日子，上表奏请外放。宋神宗体谅韩绛处境尴尬，同意他出任许州知州。至此，一个松散的变法集团土崩瓦解，王安石终于重新独揽相权。但对于王安石而言，当不当宰相并不重要，重要的是新法能否继续实施，经过此次调整后，重掌相权的王安石几乎是孤军奋战了。

唯有春风最相惜

王安石官复原职后，处理政务遇到的第一件麻烦事就是辽强逼北宋割让河东地区的部分土地。这是个历史遗留问题，自仁宗庆历二年辽扬言要大军南下，向北宋敲了一笔竹杠，双方缔结和约之后的三十余年来，一直相安无事。

但这种"和平"是靠北宋每年进贡大量银绢换来的。随着时间的推移，辽已经不满足于这一局面了，他们觉得宋朝软弱可欺，想进一步侵占宋朝河东的土地。神宗熙宁七年秋，耶律洪基派使臣萧禧来东京汴梁，要求与宋重新划定边界，声称要以蔚、朔、应三州之间的分水岭土垅为界，并扬言宋在河东修筑的营寨已侵入辽的边界。

宋神宗知道辽是借端生衅、故意找茬，但也只能忍气吞声。他派太常少卿刘忱等人作为谈判代表，辽则派枢密副使萧素作为谈判代表。神宗熙宁八年夏四月，刘忱、秘书丞吕大忠与辽枢密副使萧素等人议疆界于代州境上。

实际上，宋辽边界是非常清楚的，往昔都是以太行山为中心分为东西两段。太行山以东，以白沟（今海河及其支流拒马河的故道）为界，因此白沟又称界河。这条界河在广阔的平原上是明显的自然边界，宋辽在这段边界上发生的纠纷较少。而太行山以西的陆界山岭绵亘，地形复杂。因为有的地段缺乏明显的自然标志，所以双方议定留出几里至十几里的空地，称为"禁地"或"两不耕地"，即禁止双方百姓私行进入耕垦、樵采或放牧，以免引起边界纠纷。

此次谈判明显是辽有意寻衅。萧素是带兵的武将，谈判时态度强硬，坚称宋、辽的边界应以分水岭土垅为界，但经实地勘察，分水岭上根本找不到土垅。于是，萧素又改变了口气，说所谓土垅是泛指以分水岭为界。刘忱虽是文官，但颇有气节。而且在来代州之前，宋神宗已给他旨意："辽理屈则忿，卿故如所欲与之。"因此，刘忱和吕大忠也都表示出强硬态度。萧素见状，只好稍作退让，欲指蔚、应、朔三州分水岭土垅为界。刘忱与辽方实地踏勘，见此处并无土垅，而"凡是山脉无论大小皆有分水岭"这一说法过于笼统，坚决不从。谈判就此破裂。

宋神宗得到刘忱的报告后，一边命枢密院众臣前来商议，一边亲自给相州通判韩琦、司空富弼、河南府通判文彦博、永兴军通判曾公亮等几位前任宰相写信，请他们出主意。年迈的韩琦最先回信答话。信中说，要攘外必须废除新法，国内必须团结一心；选贤任能，使天下人都心悦诚服。边备充足了，即使盟约被破坏，也可以武力收复国土。他将矛头直接对准新法，他的逻辑是，若无王安石变法搅乱内政，辽就不会有这般无理的要求。

随后，富弼、文彦博、曾公亮等都回信说，废止新法就可打消辽的顾忌，维持边境和平态势。因为辽害怕宋朝强盛后，威胁到他们的安全和现实利益。宋神宗看到这些老臣们的建议后大失所望，却又无可奈何。他只得将王安石"保甲法""置将法"的实施范围缩小，局限于很少的几个地方。

但是，辽国皇帝并不领情，再次派遣萧禧到汴京递国书，向宋神宗施压。宋神宗又命天章阁待制韩缜去谈判。但双方各执一词，不欢而散。谈判破裂后，萧禧赖着不走，因为他知道，大宋朝廷是软弱的，抵抗不了多久就会妥协。

萧禧在汴京滞留几个月，直到王安石上任。一日，宋神宗在资政殿征询众臣之见，首先问到王安石。因对前因后果不知情，他奏禀说："契丹无足忧者，萧禧来是何细事，而陛下连开天章，召执政，又括配车牛驴骡，广籴河北刍粮，扰扰之形见于江、淮之间。即河北、京东可知，契丹何缘不知？臣却恐契丹有以窥我，要求无已。"王安石的意思是，不必大费周章，可以做些让步，只是担心辽得寸进尺。宋神宗说："今朝廷未有以当契丹，须至如此。"他深知北宋无力量抵挡辽南侵，又非常想改变这一被动局面，因此不得不费一番心思。王安石能领会宋神宗的意图，接着又说："唯其未有以当契丹，故不宜如此。凡卑而骄之，能而示之不能者，将以致敌也。今未欲致敌，岂宜卑而骄之，示以不能？且契丹四分五裂之国，岂能大举以为我害？方未欲举动，故且当保和尔。"王安石这番话的意思是，以暂时的让步蓄势待机。待变法成功，北宋实力增强，再一举解决辽宋历史遗留难题。

王安石的这一想法，在几年前就有所表露。初行变法时，他就曾向宋神宗说："今所以未举事者，凡以财不足故，故臣以理财为方今先急，未暇理财而先举事，则事难济。臣固尝论天下事如弈棋，以下子先后当否为胜。"并写有两首同名诗《澶州》。

176

澶州

去都二百四十里，河流中间两城峙。
南城草草不受兵，北城楼橹如边城。
城中老人为予语，契丹此地经钞虏。
黄屋亲乘矢石间，胡马欲踏河冰渡。
天发一矢胡无酋，河冰亦破沙水流。
欢盟从此至今日，丞相莱公功第一。

澶州

津津河北流，嶙嶙两城峙。春秋诸侯会，澶渊乃其地。
书留后世法，岂独讥当世。野老岂知此，为予谈近事。
边关一失守，北望皆胡骑。黄屋亲乘城，穿庐矢如猬。
纷纭擅将相，谁为开长利。焦头收末功，尚足夸一是。
欢盟从此数，日月行人至。驰迎传马单，走送牛车疲。
征求事供给，厮养犹珍丽。戈甲久已销，澶人益憔悴。
能将大事小，自合文王意。语翁无叹嗟，小雅今不废。

第一首诗以纪实的手法，描绘了真宗景德元年宋辽军队在澶州的激战场面，用"胡马""胡酋"表达出宋军对辽军的蔑视，还对宰相寇准力谏宋真宗亲征和缔结"澶渊之盟"的功绩给予肯定。

第二首诗先借用春秋时晋、齐等诸侯国会盟于澶渊的典故，再转笔锋写北宋的"澶渊之盟"。随后，又以"野老"的口吻叙说真宗景德元年辽军重兵围城、弓矢密集的战争场景，对宋真宗亲临前线表达了赞美之意。

他在与宋神宗的一次谈话中又说道："秦汉以来，中原人众，地垦辟，未有如今日；四夷皆衰弱，数百年来亦未有如今日，天其或者以中原久为夷狄所侮，方授陛下以兼制避荒，安强中原之事。"所言"举事"，就是指对西夏和辽国用兵。而他富国强兵的首要目标就是打败西夏和辽，彻底改变北宋长期以来"外则不能无惧于夷狄"的屈辱处境。他对当时的政治军事局势进行具体分析之后，坚信辽和西夏是完全可以战胜的，其战略思想是再实施"保甲法"与"置将法"，通过一系列军事改革措施制服之。而所谓制服辽，也不仅是以恢复燕云十数州为限，而是要依照汉唐两代的幅员规模，由北宋王朝再次实现统一大业。具体步骤是先对付西夏吐蕃，待具备实力后再扫清辽。

然而，在王安石推行"保甲法""置将法"时，反对派对新法大加挞伐；在泾、原、渭三州推行"保甲法"时，百姓却流徙他乡，强烈抗拒变法。王安石的第一步目标未能实现，故不得不对辽继续让步。宋神宗觉得王安石并未领会自己的意图，心里对他已有几分不满。

王安石为了将与辽谈判之事做稳妥，便让知制诰沈括到枢密院查阅历史档案。没几天，沈括便将辽宋边界的资料查得一清二楚。宋神宗对此甚是满意，还说两府不查考本末，差点把国事误了。他当即命人将条约与地图一并拿给辽使萧禧看，萧禧的嚣张气焰有所收敛。

而后，宋神宗又派遣沈括为使臣，赴辽就边界问题进行谈判。沈括奉诏出使上京（今内蒙古自治区赤峰市巴林左旗南）。谈判中遇到辽方提出问题，沈括和官员们都对答如流，有凭有据。辽宰相杨遵勖一看没有空子好钻，就板起脸来蛮横地说："你们偌大的宋王朝竟连这点土地都斤斤计较，难不成是想与我们断绝友好关系吗？"

沈括理直气壮地说："贵国先背弃盟约，想用武力来胁迫我国，若真要闹翻了，恐怕你们也得不到便宜。"杨遵勖见沈括理直气壮，便改口以天池为界，在得到沈括的回绝后，又怕闹僵了，只好放弃无理要求。沈括带着随员从辽回来的路上，他们以打猎为掩护，每经过一个地方就将那里的大山河流、险要关口画入地图，还将当地的风俗人情也调查得清清楚楚。回到汴京以后，他将这些资料整理出来献给宋神宗。宋神宗赞叹沈括立了功，任他为翰林学士。

但是，边界问题并未因此得到解决。宋神宗预感双方必有一战，广泛征求百官及王公贵胄的意见。这个问题一经提出，主战派和主和派就又开始激烈争论，使得宋神宗更加六神无主。因韩琦在宋仁宗朝时，曾同范仲淹共同守边，有丰富的作战经验，他便传韩琦入宫求教。可是，此时韩琦病重，已无法入朝。于是，他趁给太皇太后和太后请安之机，说起辽宋边界争端一事。太皇太后曹氏是一贯反对用兵的，她以财力不足为由，劝宋神宗不要轻言兵事。她还严厉指出："太宗皇帝几次北伐，就因粮草辎重跟不上、士兵甲胄不整而吃了败仗，况且那时还是有兵可用之际。如今，王安石变法乱了规矩，百姓不愿当兵为国效力。加上士兵久未操练、粮饷缺乏，一旦开战，无论胜败都要耗费大量的人力、物力、财力，还要死伤无数士兵。这又违背了以仁治国之祖法。再说，辽若易被征服，太祖、太宗皇帝早就收复了，哪会等到今日？"宋神宗对太皇太后之论无以反驳，只得听而从之。

七月的一天，宋神宗在朝堂上当着辽使萧禧的面，命天章阁待制韩缜前往河东割地奉辽。之后，又询问王安石对此有何看法。王安石回答："将欲取之，必姑与之。"并用笔勾画了割地区域的轮廓，依黄嵬岭（在今山西省原平市）为界。萧禧走后，监察御史里行黄廉叹息道："分水画境，失中国险固。"

正因有这样一个"划界弃地"过程，王安石不仅受到主战派的指责，还被后人扣上割地七百里的罪名。当时，在辽咄咄逼人的威势下，根本无人关注他富国强兵的长期战略，军事变革也已基本停废。

八月，韩琦病逝。据说，他病逝那晚，许多人都亲眼见到一颗流星坠落，相州的百姓莫不为之悲泣流涕。宋神宗更是失声痛哭，并罢朝三日，京师倾城哀悼。

王安石身负变法重担，感到此次复出路途险远、举步维艰，当年就向宋神宗请辞，但宋神宗未允。王安石在冬去春来之时，写了一首《梅花》。

梅花

白玉堂前一树梅，为谁零落为谁开。

唯有春风最相惜，一年一度一归来。

这首诗由白玉堂，即翰林院前的梅花起兴，它的开与落皆与春风无关，但春风却一年一度怜惜它，全诗表达出一种惆怅和无奈之感。从写法上，也足显王安石组词构思的高妙技巧，而"孤芳难自赏，感谢春风相怜惜"的主题也表现得十分明确。

此时，王安石的心境已经有所变化，从倾向改造世俗社会向追求个体生命的价值转变，体会融入自然的恬静，步入一个更高的人生境界。

低徊终恐负平生

神宗熙宁八年十二月至熙宁九年（1076 年）正月，交趾国发兵进犯邕州（今广西壮族自治区南宁市一带），知州苏缄率宋军全力守城，但因没有外援，城池最终被攻陷。苏缄誓死不当俘虏，回到家里，命家人全部自尽，之后纵火自焚。消息传来，朝廷众臣在感佩苏缄节义的同时，又开始了是战是和的争论。

交趾本是大宋的附庸小国。宋太宗时期，黎桓灭丁氏篡国，宋太宗封黎桓为交趾郡王，黎桓感恩戴德，岁岁来朝，年年纳贡。真宗景德年间，交趾郡王黎桓病故，出现诸子争位的局面，本应是黎桓的嫡子黎龙钺继位，却被弟弟黎龙廷所杀。黎龙廷杀兄自立为王，照旧向宋朝纳贡，宋真宗赐名至忠。

一个叫李公蕴的大臣仿而效之，弑杀黎至忠后自立为王，照旧朝贡大宋。宋真宗照单全收，并赐封李公蕴为南平王。自此，交趾成为李氏天下，传三代至李乾德时，仍保持与大宋的主附关系。大宋只管收贡，从不干涉交趾内政和王权更替，两国几十年相安无事，李朝日渐强盛。

王安石推行新法后，章惇收复峒蛮，熊本平定泸夷，王韶攻克河州，都因建立军功而加官晋爵。桂州知州沈起不由得心动起来，也想建立边功，以图功名勋业。于是，他瞄准交趾国，准备攻伐之。他招兵买马，训练峒丁，编练成军后，在融州设立城寨，并屠杀一千多个交趾人立威。交趾国王气愤至极，派使臣到汴京与宋朝廷理论，声称交趾并未得罪宋朝，为何要刀兵相向，屠杀无辜臣民。

宋神宗对南疆远没有对北疆重视，了解真相后，免去沈起职务，改调处州知州刘彝任桂州知州。但刘彝抵任后，也只不过是换了一个地方屯兵，并增设水军，禁止交趾与宋互市，甚至还隔断了交趾向北宋递交的国书。

刘彝的所作所为彻底激怒交趾国国王李乾德。神宗熙宁八年十一月，李乾德命交趾辅国太尉李常杰领兵八万，兵分三路攻入宋境。一路兵在是年岁末攻下钦州（今广西壮族自治区钦州市灵山县），一路兵又在三天之后攻下廉州（今广西壮族自治区北海市合浦县），而另一路则直逼邕州。交趾军在钦、廉两州杀害大宋军民近十万人。攻下邕州后，又制造了一次大规模屠杀，五万八千余人惨遭屠戮。

宋神宗闻奏，终于感到事态的严重性，当即命郭逵为安南道行营马步军都总管、本道经略招讨使，端明殿学士赵卨为副使，率兵征讨交趾。

这场战祸本是因地方官僚妄开战端而起的，但交趾国发布的公告则说，是因宋朝宰相王安石乱行新法、扰乱民生，交趾国特地出兵相救。王安石看到这些布告，怒发冲冠，遂给郭逵增兵至十万，并准许他调集鄜、延、河南诸旧部从征。

是年春末，郭逵分兵南下。朝廷诏令岭南诸路置备粮草，广南东路征集舟船和熟悉水战的兵员，计划到时水陆并进。七月，郭逵、赵禼率兵在富良江与交趾兵展开决战。交趾王太子李洪贞在乱军中中箭而亡，残兵逃回交趾。宋军以惨重代价杀敌数千，夺得战船数十艘。因安南行营军士不习水土，患病与疫亡的人数众多，只得屯驻休整。随后，宋军又分兵占领广源州、门州、思浪州、苏茂州、桃榔县诸地，并将前方战况上报朝廷。

交趾国国王李乾德见宋军大兵压境，非常害怕，连忙派人向宋军主帅郭逵求降，同时派使臣奉表到汴京乞求议和。

宋神宗见惩罚教训交趾的目的已达到，又因在这场战争中宋军损失惨重，战事不宜延续下去，便允许议和，并赦免李乾德之罪。

在这场战争中，王安石所起的作用只是多加了"一把火"而已，但许多人却将王安石推行的新法牵扯进来，认为是"保甲法"让沈起等人起了野心，进而生出祸端。其实，经略南方边防早在变法之前就已提出。交趾李氏王朝日益强大，仁宗天圣六年（1028年）至熙宁八年，有八九次侵犯宋境的行为，大宋朝廷也将重视西北辽夏之患的目光逐渐移至南疆。沈起实行保甲，操练水军，只是防御性的措施，对交趾起到震慑作用。当然，沈起也有过激行为，但战因主要还是在交趾方面，是他们找借口向大宋挑衅。让王安石承担责任显然有失公允，只要发生不好的事情，人们不管青红皂白地牵扯到变法，这让王安石感到悲哀。

不仅如此，那些因反对变法而被贬出京城的人也时刻伺机反扑。尤其是吕惠卿，他被贬出京城后，仍不时出言攻击王安石，上书控告他蒙蔽皇帝，做了许多伤天害理之事。王安石的儿子王雱原本就想将吕惠卿告进大牢，后因宋神宗干预才从轻发落。王雱一直耿耿于怀，请求皇帝重新审理吕惠卿之案。

吕惠卿也不甘示弱，奋起反击。他过去与王安石私交甚好，二人常有书信往来，这些书信中，自然有一些不为人知的私话。吕惠卿费尽心思将其中一些对王安石不利的话找出来，如"无令上知此一帖""无使上知，勿令齐年知"等，他将这些只言片语标注出来呈奏宋神宗，控告王安石在背后耍阴谋、图谋不轨。

宋神宗本就因王安石在处理北部边界一事上不合己意而对他心存不满，而今又因施行"保甲法"在南疆惹来大麻烦。南边的战事还未了，吕惠卿又拿出王安石背着他行事的证据，王安石在宋神宗心目中高大正直的形象顿时被颠覆。因此，宋神宗看完吕惠卿呈上来的信件，冲王安石大发脾气。

王安石感到莫名奇妙，经查才知是儿子王雱惹出的祸端，于是责骂儿子不该招惹那些睚眦必报的小人。王雱挨了骂也不服气，父子二人大吵一架。

事后，王雱觉得憋屈，抑郁寡欢，不久就病倒了。王安石心里也不痛快，再次上书向宋神宗请辞。一天傍晚，王安石独自来到政事堂，想到纷纷扰扰的朝廷政事，不免有些感叹，不知何时才能回到属于自己的那一片天地，于是提笔作了一首《中书即事》。

中书即事

投老翻为世网婴，低徊终恐负平生。
何时白土冈头路，渡水穿云取次行。

王安石身在政事堂，可眼前却浮现江南秀美的湖光山色。他不知此次宋神宗会不会恩准他辞官，但心似乎已经飞回令他魂牵梦萦的故里。他在心中幻想的，尽是自己行走于钟山脚下的自由自在和优游恬淡的生活情景。

可是，他对汴京也有几分不舍。此次重返京城，毫无作为，令他心有不甘。他想，若宋神宗诚心挽留，或许还会坚持推行新法，若宋神宗就此退却，只怕真要有负此生了。

或许是天意，就在王安石犹豫不决之时，天空出现彗星。按照民间说法，这是不吉利的预兆，意味着要有祸事发生。宋神宗又慌了，要大臣对朝政提意见。一些保守派趁机攻击新法。王安石面对尖刻的批评和指责神情漠然，善辩的他决定不再为新法辩护。他深知，无论怎样激烈争辩，都无济于事。宋神宗对星象异说已有所认同，在他看来，变法要顺天意、得民心。

次日，汴京城到处有人游行，反对新法，要求废除新法。王安石站在朝堂之上面对众臣指骂，一点也不生气，他理解众臣之怒在于推行新法损害到他们的利益。但令王安石不解的是，那些百姓也在骂他。变法的初衷就是为百姓谋利，这让他非常气愤，请求宋神宗派禁军将这些人捉拿问罪。

宋神宗沉默，没有答应，王安石又羞又恼，与他争论起来。他愤愤地说："只要新法有益于黎民百姓，老臣受些屈辱又算得了什么！但他们今日要废掉所有新法，若不将这些人捉拿问罪，那新法就无法继续推行下去了。"

宋神宗淡淡地说："爱卿大概不知，反对新法的示威不只发生在汴京城，各地送来的奏报也多有提及百姓对新法的不满。"

王安石激动地说："百姓连冬寒夏雨这等小事都要有所埋怨，陛下何必为百姓的几声埋怨而担忧？"

宋神宗似乎有些生气，厉声说道："难道我朝百姓连埋怨冬寒夏雨的权利都没有了吗？"

王安石闻言，顿时明白自己如今已完全失去宋神宗的信任和支持，失去最后的依靠，是在以一人之力对战天下。他彻底失望了，想放弃一切政治上的努力，去寻觅一处能让心灵净化安宁的圣地。回到家后，他百感交集，写了一首《老人行》。

老人行

老人低心逐年少，年少还为老人调。

两家挟诈自相欺，四海伤真谁复诮。

翻手作云覆手雨，当面输心背面笑。

古来人事已如此，今日何须论久要。

诗中，王安石不仅自嘲，还隐晦地表达出对宋神宗的不满。在众多官员的反对声中，在变法阵营不断的内讧和分裂中，在宋神宗的疑虑下，以及在太皇太后、太后和向皇后的干预下，王安石变法宣告失败。

才薄何能强致君

就在王安石遭受众人攻击、打算退隐之时，悲伤接踵而至。他年仅三十三岁的儿子王雱因背疽发作，病情恶化，不治而亡。

老来丧子，是人生之大不幸。这个噩耗如一记闷棍猛击下来，令王安石身心俱疲，天地昏昏然，彻底失去了人生方向。很长一段时间，王安石都沉浸在无比悲痛之中，回想起父子一起生活的往事，内心深感愧疚。

王雱自幼聪明过人，读书过目不忘。十五六岁时就能写出洋洋万言的长文，又考取进士，当上旌德尉，后又官至天章阁待制兼侍读，著写《老子训传》《佛书义解》等作品，才学堪称一流。当宋神宗准备给他加官龙图阁直学士时，他却患上心疾。病休期间，他参与《三经新义》的编写，与其父王安石共同创建"荆公新学"。

王雱自视才高，可父亲素以公正、清白著称，从不主动为他求官，甚至有意抑制。因此，王雱只能做些撰书、祭祀的闲事。父亲在变法过程中受到保守派的强烈抵制，王雱也被迫卷入尔虞我诈之中，进退维谷，难以适从。得知父亲被政治对手暗算，王雱想帮父亲一把，暗中搜集吕惠卿的罪证，不料中了计谋，为人所害，故而忧愤难平。王雱的早慧让他出尽风头，也让他吃尽苦头。他聪明敏锐，因此也脆弱敏感。王安石认为，儿子英年早逝有自己一半的责任，自己不该让儿子卷入这场无休止的政治斗争中。王雱死后，他才真正理解儿子为他所做的一切。

神宗熙宁九年深秋十月，王安石再次向宋神宗呈交了辞官奏疏。此次宋神宗没有多做考虑就准允了。但他格外开恩，改调王安石为镇南军节度使、同平章事、判江宁府。

王安石离任回乡的消息刚传开，御史中丞邓绾就慌了。好不容易巴结上王安石，可一转眼他却要走了，而且王安石一走，他就失去靠山，在朝中很难有话语权，甚至官位也难保。于是，他上表奏请宋神宗挽留王安石。

宋神宗此时已十分厌烦派系之争，他认为邓绾身为御史，竟然为一己私利替大臣请恩，有失体统，心中对邓绾很是厌烦嫌恶，便免去邓绾的御史之职，贬为虔州知州。

王安石辞官后，宋神宗擢升吴充、王珪为同平章事，冯京知枢密院事，蔡确为参知政事。吴充是保守派，一向反对王安石变法，他还是王安石的儿女亲家，但二人从不曾倾心交流政见理念，吴充更不愿党附王安石。宋神宗看中他也正是因为他的骨气，而不是他的才能。

冯京与王安石同庚，也曾在广陵、江宁两地担任知州。他虽与王安石站在同一阵营，但宋神宗从吕惠卿与王安石的私人往来信件中得知，冯京并非真心投靠，也未进入王安石变法的核心圈子，对于王安石在背后做的很多事情他并不知情。宋神宗觉得此人还算可靠，便召他为知枢密院事。

吴充当上宰相，意味着保守派重新得势。朝野上下，保守派欢呼雀跃。吴充有自知之明，知道自己远不如王安石有才干，一上任就向宋神宗奏请召回那些因反对变法而被贬的能臣，诸如司马光、吕公著、韩维、苏轼等，又举荐孙觉、李常、程颢等数十人。宋神宗采纳吴充的建议，召吕公著同知枢密院事，进程颢判武学。司马光虽有才，但他以前多次拒绝宋神宗的提拔，宋神宗似乎对他还有成见。而对吕公著，宋神宗已有考虑。宋神宗召韩维回京，但被他婉拒。苏轼也认为自己还年轻，可在地方多历练几年。实际上，是他们对宋神宗还不够信任，以静制动，先旁观形势的发展再做打算。

其他保守派成员仍在静观其变，而程颢进京任职没几天，李定、何正臣便弹劾他学术迂阔、趋向僻易，宋神宗只得又让他回扶沟县任原职了。

在洛阳潜心编著《资治通鉴》的司马光时任西京留守御史台，得知吴充欣赏他，并劝宋神宗召他回朝，就以为他的政见可以被吴充接受，于是给吴充写信。他在信中表达自己匡正弊政的心志，阐述了一些救济时弊的方法，并建议吴充尽快废除新法。结果，吴充对他的所有建议都置若罔闻。

另外，王安石原来在变法时，一些立场不坚定、见风使舵的人，也都调转方向，投到吴充的新阵营里去了。这场派系之争实则没有真正的赢家。

在王安石离开京城之前，他最后一次拜见宋神宗。他本有干一番大事业拯救北宋王朝的雄心壮志，有"以天下为己任"的初衷，有"士为知己者死"的感恩戴德之心。宋神宗愧疚地说："王爱卿此次回乡，只当是休养，待风平浪静之时再回来。变法还将继续，当今除了爱卿，只怕再无他人能肩负起这一神圣使命了。"王安石苦笑道："老臣不才，新法施行若干年，如今却引来朝野上下的无尽非议，实在出乎意料。臣已是五旬开外的老叟，心力皆已耗尽，恐怕再难为陛下效力。"宋神宗望着王安石苍老憔悴的脸，心中有千言万语却又无从说起，他神色凄怆地望着王安石，全然不知自己已是泪流满面。

是年秋末，王安石辞别汴京城，在瑟瑟秋风中，与家人踏上了回乡之路。此时，他眼前的一切都变得如此破败不堪，一路上思绪万千，时不时就会生发出对人生与世态的感悟。

人间

人间投老事纷纷，才薄何能强致君。

一马黄尘南陌路，眼中唯见北山云。

年轻时的王安石生怕自己的一生仕途都闲置在京城阁馆中，一心要当个能做事、做实事的官，而今已是知命之年，他觉得自己没有矫世变俗的政治才能，政治和权力已经不属于他，改革的壮志雄心也已备受挫磨。他厌倦了朝中明争暗斗的生活，对党派之偏见也很失望，此时最大的心愿是走出这个俗事纷扰的世界。他眼前已浮现北山那片片飘逸悠然的白云，那里才是他向往的心灵归宿。

经二十多日舟车辗转，在一个傍晚，王安石到达他熟悉的瓜洲。此时，他的心中满怀悲伤和遗恨，充溢着富民强国之梦毁灭后的落寞，还有身衰子亡的痛苦和对未来的迷茫。当他登岸眺望广陵时，百感交集，情难自已，作了《入瓜步望扬州》一诗。

入瓜步望扬州

落日平林一水边，芜城掩映只苍然。

白头追想当时事，幕府青衫最少年。

王安石已经五十五岁了，头发花白，面容憔悴。在官场浮沉三十余载，位居宰相高位前后八年。其间，他坚定不移地推行新法，励精图治，于悬崖边试图挽救积贫积弱的北宋王朝，也尝尽人间艰辛，受尽世人责骂，现已年老体弱，心力交瘁。想当年，被授签淮南节度，年方二十五，青春勃发，雄心万丈，何等豪迈。因此，诗中便有了追忆当年"幕府青衫最少年"的感慨，让人不禁扼腕。

十一月十二日，王安石终于回到家，昔日的老宅已显得破败。时值隆冬，墙头爬满枯藤，房前的树木皆已叶落归根，唯见一树梅花在墙角傲然怒放。他心灵悸动，诗情喷涌，即刻吟出一首《梅花》。

梅花

墙角数枝梅，凌寒独自开。

遥知不是雪，为有暗香来。

王安石作有多首咏梅诗，这一首独具神韵，无丝毫雕琢痕迹，且意境清新，韵味深远。梅花，香色俱佳，有不畏严寒的坚强性格和不甘落后的进取精神。诗中所咏之梅，洁白如雪，长在墙角但毫不自卑，不为外界所动地散发着清香。凌寒独开，喻其品格高贵；暗香沁人，象征其才气流溢。此时，王安石的孤独心态和悲凉处境与傲雪凌霜的梅花有共通之处，通过赞赏梅花不畏严寒的高洁品性，说明坚强高洁的人格。

几日后，王安石将儿子王雱的灵柩葬于钟山脚下，并拟在宝公塔院建雱祠。他渐渐从悲痛中走出来，作了一首《一日归行》。

一日归行

贱贫奔走食与衣，百日奔走一日归。

平生欢意苦不尽，正欲老大相因依。

空房萧瑟施穗帷，青灯半夜哭声稀。

音容想像今何处，地下相逢果是非。

这首诗既是为哀悼儿子而写，又是为自己而写。他不知在失去儿子后的下半辈子该如何生活，在诗中寄托对儿子的哀思，也透露出对未来生活的迷惘。未久，为儿子修建的雾祠堂修成，王安石又写一首《题雾祠堂》，表达对儿子的深切怀念。

题雾祠堂

斯文实有寄，天岂偶生才。

一日凤鸟去，千秋梁木摧。

烟留衰草恨，风造暮林哀。

岂谓登临处，飘然独往来。

再后来，王雾配享孔庙，封临川伯，这是朝廷对王雾一生成就的肯定，也是对王安石一片诚心的慰藉。

王安石退居金陵后，以作诗、写字、郊游自娱，排遣心中的烦忧。但过度失落造成心理的极不平衡，以致他时常"喃喃自语，有若狂人"，甚至歇斯底里地发作，练字时也经常写到"福建子"三字。"福建子"指吕惠卿，可见他深悔被吕惠卿所误。许久，他都无法从悔恨中自拔，似乎他的灵魂被遗落在汴京城。

第八章

淡出政坛，熙宁变法终落败

王安石归隐后，依然时刻关注朝廷的改革动向，但他的内心又充满矛盾，除了撰写许多歌颂新法成效的诗篇之外，还在江宁城外购置田产，修筑半山园安度晚年。他试图忘却朝堂之事，深居简出，云游四方，让自己在闲云野鹤的悠闲生活中放松下来。

尧桀是非时入梦

王安石第二次辞相回归江宁，依然保留了三个官衔，判江宁府是实授，说明他还是官场中人。不过，他一直不去知府衙门理事。对于从权力顶峰跌下来的王安石而言，这些荣宠已无任何实际意义。

神宗熙宁十年（1077 年）初夏，刚调任徐州知州的苏轼路过江宁，专程探访了刚下野的"拗相公"王安石。两个相互欣赏却政见迥异的老友相见，感慨良多。苏轼已被外放七个年头，因反对新法而先后被贬为杭州通判、密州太守，徐州是他被外放后的第三个任职地。他在地方待的时间久了，对京城发生的事情不太了解，见到王安石，一来是想叙旧，二来是想打听一些京城的消息。他告诉王安石，几个月前，吴充曾托去密州的人给他捎口信，征询他是否愿意回京任职，被他一口拒绝。

王安石相信，以苏轼的个性，完全有可能这样做。他问道："东坡老弟为何不愿回京？"苏轼轻松回答道："轼亦自知相公门下用轼不着。"吴充原本属于守旧派，苏轼认为吴充先前"叛投"到王安石的阵营，因此他才对吴充不理不睬。此时的苏轼依然表现出一副清高自傲、桀骜不驯的样子，但他十分关注王安石过去施行新法过程中的举措得失。

王安石知道苏轼不可能不怨恨自己，但也没有当面向苏轼解释什么，只是黯然地说："过去吕惠卿主政，他要做什么是他的事情，如今吴充主政了，他怎么做也是他的事情，这些我都无能为力。"接着，他又嘱咐苏轼："此话出于我口，入于你耳，万万不可为他人所知。"

苏轼对王安石的回答不甚满意，气咻咻地走了。王安石对此并不介意，因为他深知一个怀有"致君尧舜"梦想的文士要想"寄至味于淡泊"、置身世外，并非那么简单。有理想的文士无不拥有政治热情和文学热情，所谓"达则兼济天下，穷则独善其身"。达时去做官，去从政，治国平天下；处于穷时则要修身齐家，著书立说。相形之下，政治冲动要比文学冲动更充沛、更强烈。苏轼虽说不肯回京，但并非不关心朝廷大事，并非没有忧国忧民之心。在这一点上，苏轼与王安石是心心相通的。虽然王安石曾在宋神宗面前诉说过苏轼的种种不好，但那仅就政治观点而言。实际上，他对苏轼的才学是深为赏识的，尤其是在他第一次辞相期间，曾称赞苏轼所撰的《表忠观碑》，又曾兴致勃勃地唱和苏轼在密州所写的"尖叉韵"咏雪诗。

苏轼走后，王安石去他选定的准备修园子的地方转了转，并在周边"考察"了一番。回家后，他细细思索一晚，第二天写成《杖藜》一诗。

杖藜

杖藜随水转东冈，兴罢还来赴一床。

尧桀是非时入梦，因知余习未全忘。

此诗看似写兴罢归来，悄然入梦，然而"尧桀是非"进入梦境实则借古喻今，表达对变法问题一如既往的关切。昔年身在庙堂，心在江湖；今日身在山林，心存魏阙。想当初，王安石被任命为宰相，众人觉得正是他一展宏图之时。一日，许多文武官员登门向他庆贺，但王安石却没有一丝兴奋，甚至不愿出房门应酬，而是与友人来到西庑小阁，徘徊许久，取笔在馆壁上题了两句诗："霜筠雪竹钟山寺，投老归欤寄此生。"

他在炙手可热之时就想着退隐后的门庭冷清。而如今才知自己虽已隐退，那昔日的是非依然难以忘怀。

王安石罢相后，由他主导的这场变革并未彻底结束，他制定的一些新法仍在推行。不过，这时已由宋神宗亲力亲为，他深感独立难支。神宗元丰元年（1078 年），宋神宗有心再次起用王安石，封他为舒国公，授尚书左仆射、集禧观使。这就是向天下宣布，他仍旧按照熙宁变法措施进行改革。为此，他还特意改熙宁年号为元丰，以示有个新的开端。

但是，王安石此时却失去了变法的动力，思想十分矛盾。一方面，他继续关心新法，写下不少歌颂新法成效的诗篇，另一方面，他托朋友在江宁城外的白塘购置田产，准备在此筑园安度晚年。他开始纵情于山水间，仿佛倦鸟归林一般，静静地享受着大自然赋予的安详与宁静。

两山间

自予营北渚，数至两山间。

临路爱山好，出山愁路难。

山花如水净，山鸟与云闲。

我欲抛山去，山仍劝我还。

只应身后冢，亦是眼中山。

且复依山往，归鞍未可攀。

这一年，王安石的半山园建成。园子在江宁城东门外至钟山的半道上，距府城和钟山各七里，因此王安石为之取名"半山园"。这里原本是低洼积水之地，叫白塘，常闹水患。王安石先派人在此种了些树，疏浚了这里的积水，使家门口的水渠与府城的护城河相通。如此一来，他便可以乘船去府城了。

从此至神宗元丰七年（1084 年），王安石一直都住在钟山的半山园，利用闲暇时间赏花吟诗、游园观鱼、约友畅谈，并自号"半山居士"。他还极其钟爱柳树，模仿"五柳先生"陶渊明，在门前植柳数株。

春日晚行

门前杨柳二三月，枝条绿烟花白雪。

呼童羁我果下骊，欲寻南冈一散愁。

绿冈初日沟港净，与我门前绿相映。

隔淮仍见袅袅垂，伫立怊怅去年时。

杏花园西光宅路，草暖沙晴正好渡。

兴尽无人楫迎我，却随倦鸦归薄暮。

王安石沉醉于园林之乐的同时，亦常常出游四方，过着闲云野鹤般的生活。然而，他始终放心不下朝堂之事。这一年，户部副使陈安石议增边储，定州知州韩绛主张改革和籴制度，徐州知州苏轼一年都在防洪……王安石为何关注这些政事，他自己也解释不清楚。

神宗元丰二年（1079 年），王安石再次被任命为左仆射、观文殿大学士，改封荆国公。宋神宗还是希望他重整旗鼓，助他完成改革大业。王安石受封后，上表向宋神宗表达感恩之情，但他仍无意出山。

与此同时，苏轼改任湖州知州。他在知州任上已经工作整整六年，再授知州，苏轼也无任何怨言。但是按照常规，他应进京或上表向皇帝谢恩。

苏轼没有进京，只上了一道《湖州谢上表》。没想到就因这道谢表，他惹祸上身。这一年，湖州一带自然灾害严重，暴发饥疫死了无数百姓，鱼米之乡的湖州已是土地荒芜、城郭萧条。他在诗中慨然写道："来往三吴一梦间，故人半作冢累然。"他在地方任职多年，自然知道湖州的情况是由自然灾害造成，更知道湖州灾害与当时的新法有关。俗话说，祸从口出，苏轼就此事发表的言论越多，给人留下的把柄也就越多。他在谢恩表中有这样一句话："陛下知其愚不适时，难以追陪新进；察其老不生事，或能牧养小民。"这句话本没有问题，但经别有用心之人一解释，问题就出来了：苏轼在这里以自己同"新进"相对，说自己不"生事"，就是暗示"新进"人物"生事"。而谈及"新进"人物，人们很难绕开已隐退的王安石。尽管王安石没有见过这份奏表，但他是"新进"人物的总代表，那些与苏轼有过节的人紧抓"新进""生事"等语，给苏轼扣上"愚弄朝廷，妄自尊大"的帽子。

拿到苏轼的"罪证"，朝廷里的一干小人，如监察御史何大正、御史中丞李定得意极了。他们连捉拿苏轼的情景都想好了，硬是要给苏轼一个"下马威"。于是，何大正派趋炎附势的皇甫遵前去湖州捉拿苏轼。

　　但是，仅凭奏表中的一句话，就想给一个堂堂州官治罪也是不可能的。因此，李定又"孜孜不倦"地在苏轼的诗词中找"证据"。

　　他找到的"证据"还不少，比如他认为苏轼在《山村五绝·其四》中写的"杖藜裹饭去匆匆，过眼青钱转手空。赢得儿童语音好，一年强半在城中"是攻击"青苗法"的；《戏子由》中有"读书万卷不读律，致君尧舜知无术"两句，是反对课吏改革的；《八月十五日看潮五绝·其四》里有"东海若知明主意，应教斥卤变桑田"两句，是讽刺朝廷水利之难成的。另外，在《王复秀才所居双桧二首·其二》中有"根到九泉无曲处，世间惟有蛰龙知"两句，则被拿来重点批判，说苏轼大逆不道、怨谤君父。李定、舒亶一班人硬是将这两句诗解释为隐射皇帝，说皇帝如飞龙在天，苏轼却要在九泉下对蛰龙，不臣之心莫过于此。

　　宋神宗看到奏疏中列举的苏轼"罪证"后，并未多想，便下旨将苏轼免职，由御史台详查此事。御史台又称"乌台"，苏轼这个案子也就被称为"乌台诗案"。

　　李定、舒亶得到旨意后立即行动，派皇甫遵为特使前往湖州传旨拿人，并私下合计快速定案，置苏轼于死地。孰料，苏轼在京城有位好友叫王诜，他忙给正在南方公干的苏辙送信告急。救助苏轼的人马与李定一伙派出的人马展开一场竞赛。

　　苏轼得到消息后本欲告假躲避，但还未出衙门，就被皇甫遵带来的人堵住了，苏轼见躲不过去，只得整理衣冠迎接特使。

苏轼被从湖州府衙的公堂上押出，在湖州城内的大街小巷穿行。湖州城的百姓伏于街道两旁，痛哭失声。百姓爱戴苏轼、挽留求情的感人场景，把皇甫遵恨得直咬牙。他请李定向宋神宗请示，要求苏轼在押回京师途中每晚必须在监狱里过夜，但宋神宗未准。皇甫遵还未等到皇帝旨意，就开始对苏轼百般刁难。

被押到长江南岸码头的亭子休息时，苏轼想到近日的遭遇，望着清冷的月光和茫茫的碧波陷入沉思：我和皇甫遵素无芥蒂，他却对我如此嚣张，待押入乌台后，李定一伙岂不是更要让我受尽千般辱骂万种折磨，说不定还会牵连他人。想着想着，苏轼决心一死以谢天下，他朝着故乡的方向拜了三拜，想投身江中。但转念一想，若自己真跳了水，必将给弟弟、家人及帮助过他的人招致麻烦。思之再三，终于打消自杀的念头，被押到京城。

苏轼入狱后，正直人士纷纷仗义相救。宰相吴充最先为苏轼案上书说情，同修起居注王安礼也替苏轼辩解。御史台的一帮人依旧在到处搜集苏轼的"犯罪证据"，连续上三道奏疏弹劾。到九月，从四面八方抄获苏轼寄赠他人的诗词一百多首，在审问时呈阅，受牵连的有三十九人，无论哪首诗，只要有疑问，苏轼都得做出解释。两个多月的"根勘"审理中，苏轼受尽非人折磨。御史台严刑拷打，昼夜逼供，真是"诟辱通宵不忍闻"。最后，李定等人强加给苏轼"四大罪状"，请求宋神宗处死苏轼。

宋神宗之所以要处罚苏轼，并不是因为他受小人蒙蔽，而是要向世人宣示他继续变法的决心，希望得到更多人的支持。李定又为何揪住苏轼不放？原因很简单，当初王安石变法起用李定，他因隐瞒老母亡故、没有回乡丁忧守孝一事遭司马光、苏轼等人上书弹劾，被朝廷降职留用。对此，他一直怀恨在心。李定、舒亶、王珪等人欲置苏轼于死地而后快，但宋神宗一时举棋不定，因为太祖早有誓约，除叛逆谋反罪外，一概不杀大臣。

王安石在审理"乌台诗案"期间，对自己曾经用人不淑进行反思。他终于发现，正是这种隐藏于深层中的阴谋造成历史上和生命中的悲剧，他对官场的争斗有了新的认识，并将之形象展现于《鸱》一诗中。

鸱

依倚秋风气象豪，似欺黄雀在蓬蒿。

不知羽翼青冥上，腐鼠相随势亦高。

王安石一眼洞穿这起案件的实质，认为这是朝廷革新派和守旧派之间斗争的继续。他上书宋神宗，劝谏皇帝三思而行，其中"安有圣世而杀才士乎？"一句为苏轼保全性命起了极为关键的作用。又因太皇太后曹氏有临终遗言，副宰相章惇等人也出面力挽，宋神宗遂下令对苏轼从轻发落。苏轼终免一死，被贬谪为检校尚书水部员外郎黄州团练副使，本州安置，轰动一时的"乌台诗案"就此销结。

"乌台诗案"的主角苏轼只是守旧派和革新派斗争的牺牲品，这一点王安石很清楚。虽然苏轼一直在反对他变法，但王安石深知苏轼反对的是变法内容，出发点也是为天下百姓着想，与个人私情无关。"乌台诗案"后，他写了一首七言绝句《北陂杏花》。

北陂杏花

一陂春水绕花身，花影妖娆各占春。

纵被春风吹作雪，绝胜南陌碾成尘。

　　这首诗的前两句写出了北陂杏花的娇媚之美，杏花的绰约风姿占得春光大半。满树繁花竞相开放，满池花影摇曳迷离。后两句写杏花宁愿被春风吹落，如雪般落于水上，也不愿在南陌被车轮碾作尘土，表现了杏花高洁的品性。显然，王安石意在以杏花象征自己孤高的品性，以及光明磊落的内心世界。自然，也流露出想逃离世俗纷争的愿望。

从此食黍还心悲

"乌台诗案"前后，宋神宗并未停止变革进程，除了亲自对熙宁年间的变法措施进行总结调整、继续推行外，还着手对政治和军事体制进行另一次大改革。

王安石主持变法期间，也有涉及吏治的变革，但仅仅在科考、选拔人才方面做一些表面上的尝试，并未深入触及政治体制。目睹熙宁变法和官场争斗后，宋神宗认识到造成民累的重要原因是吏治腐败。

神宗元丰三年（1080 年），宋神宗下令让中书省详细制订官制改革计划，命同平章事王珪、参知政事蔡确等人协助他进行吏治改革。这一改革首先涉及中央机构的重大调整。北宋初年设置中书门下省，是朝廷中枢最高官署，也是宰相、副宰相议事的地方，又称为"政事堂"，简称"中书"。同平章事为宰相，参知政事为副宰相。与中书门下省并立的枢密院主管军务，长官为枢密使、枢密副使。政事堂、枢密院互不隶属，各行其职。在此二府外，另设有三司主管财政，御史台主管纠察弹劾，同样都是相对独立的。在王安石为相期间，将三司纳入政事堂，结果遭到守旧派猛烈攻击。机构改革直接涉及大小官吏的权力与利益，其阻力和困难是完全可以预见的。

但宋神宗心意已决，他要对已经老化、内耗极高的"国家机器"进行一次大修理。对机构的改革，从神宗元丰元年就已开始，首先撤掉原中书门下省，其职权分归中书省、门下省、尚书省（实际上是唐朝旧例）。废同平章事，且三省不设中书令、侍中、尚书令，而改设左右仆射。左仆射兼门下侍郎，履行侍中的职责，也称为左相；右仆射兼中书侍郎，行使中书令的权力，也称右相。同时，宋神宗还恢复唐朝"中书取旨，门下复奏，尚书施行"的制度，即中书省主掌法令、政策的制定，门下省负责审核，尚书省则督导执行，实际上权力都归中书，为右相所掌握。原参知政事改为中书侍郎、门下侍郎、尚书左右丞，同是副宰相。原政事堂移至尚书省，又称都堂。

在对最高政务机构进行改革的同时，宋神宗对最高军事机关枢密院也进行调整，废除枢密使、副使之职，改为枢密院事，副职改为同知枢密院事，同时掌权。正副枢密院事与三省的重臣都叫"宰执"，成为朝廷最高的军政机构。

八月，宋神宗再次颁诏，要求"凡省、台、寺、监领空名者一律罢去"，六部（吏、户、礼、兵、刑、工）、九寺（太常、宗正、光禄、卫尉、太仆、大理、鸿胪、司农、大府）、六监（国子、少府、将作、军器、都水、司天）等都不设专官，由其他官员兼任。殿阁馆院的官员也分工明确：知制诰起草对外诏书，称外制；翰林学士起草对内诏书，称内制；修史由昭文馆、史馆、集贤院负责，左右相任昭文馆大学士，副相任集贤院大学士。各机构都有固定的人、固定的职务，从而实现了定编、定岗、定人，一些机构被裁减或者合并。

另外，对财政机构，即盐铁、度支、户部三司也进行撤并。撤销三司，将其大部分职权归入户部和工部，又将审官院并入吏部，审刑院归刑部，进一步充实加强六部职权。宋神宗改革吏制的主要目标是"征名责实"，并施行"寄禄官"制。自开府仪同三司至将仕郎，分作二十四阶。但官衔仅代表官阶，只是一种虚职，主要用以定制品秩、官服、俸禄、序迁，因此称"阶官"或者"寄禄官"。如领侍中、中书令、同平章事等名，改为开府仪同三司；领左右仆射，改为特进等。至此，宋朝才有了一定的官制。官制改革，使一些闲散官员与机构精简，使朝廷每年节省两万两开支，同时提高工作实效。

王安石时为左仆射、观文殿大学士，此为官衔，并非实掌其职。他并不太在乎这些虚衔，像在政治上不得意的士大夫一样，往往装出一副甘心于"含之则藏"的清高洒脱姿态，虽不能说这种姿态全出自矫揉造作，但里面至少总含有几分勉强和矫情的成分。由于王安石仍时时关心国家大事，政治上的任何一种新举措、政局的任何一次新起伏和变动都让他牵挂不已。让他念念不忘也深感欣慰的是改革还在继续。神宗元丰二年，他写了一组诗《歌元丰五首》。

歌元丰五首·其四

豚栅鸡坍墐霭间，暮林摇落献南山。
丰年处处人家好，随意飘然得往还。

这首诗采用移步换景的手法描写农家傍晚的景色。先写猪圈和鸡窝都渐渐没入苍茫的暮色中，再写农人从田里归家时的所见之景，表达了王安石对神宗元丰初期社会安定、风调雨顺、百姓安居乐业、农业丰收的喜悦和赞美之情。

神宗元丰四年（1081 年），王安石又写了《后元丰行》《元丰行示德逢》等赞美改革的诗作。

后元丰行

歌元丰，十日五日一雨风。

麦行千里不见土，连山没云皆种黍。

水秧绵绵复多稌，龙骨长干挂梁梠。

鲥鱼出网蔽洲渚，荻笋肥甘胜牛乳。

百钱可得酒斗许，虽非社日长闻鼓。

吴儿蹋歌女起舞，但道快乐无所苦。

老翁堑水西南流，杨柳中间杙小舟。

乘兴欹眠过白下，逢人欢笑得无愁。

歌行多用来纪事，原则上要求写实。但此诗将理想和现实紧紧结合起来，为十多年的改革变法唱了一曲颂歌，堪称一篇富于理想色彩的政论。此时，王安石身虽闲居，外示平淡，内心却系念新法，忧思深切。他以此诗颂扬新法所取得的辉煌成果，歌颂宋神宗有"修礼达义，体信达顺"之功。

在七言古诗《元丰行示德逢》中，王安石继续向世人宣传新法的成效。

元丰行示德逢

四山俺俺映赤日，田背坼如龟兆出。

湖阴先生坐草室，看踏沟车望秋实。

雷蟠电掣云滔滔，夜半载雨输亭皋。

旱禾秀发埋牛尻，豆死更苏肥荚毛。

倒持龙骨挂屋敖，买酒浇客追前劳。

三年五谷贱如水，今见西成复如此。

元丰圣人与天通，千秋万岁与此同。

先生在野故不穷，击壤至老歌元丰。

此诗作于神宗元丰四年，是写给江宁钟山的邻居杨骥的。杨骥，字德逢，号湖阴先生。王安石在《示德逢》一诗中曾称赞他"怜悯鸡豚非孟子，勤劳禾黍信周公"，可见他是一个勤劳善良之人。

这首诗是借称赞这位湖阴先生来为改革和宋神宗歌功颂德。"熙宁变法"虽已画上句号，但王安石当年制定的新法在宋神宗的支持下已推行十多年之久，并取得较显著的成绩。此诗从旱情写起，描述了人们如何切盼时雨，如何焦急不安的情景；而后再写久旱得雨，仿佛老天也能体察民心，暗含着改革显见成效；最后写五谷丰登、庶民欢庆的盛况。诗中虽不无溢美之处，但足以见得他对宋神宗继续推行新法仍然热情支持。

富国、解决民生问题和规整吏制是宋神宗改革的一个方面，他的另一个目标是要强兵，加强宋朝的军事建设，提高宋军的战斗力。主掌变法期间，王安石提出"保甲法""置将法""保马法"等新法，当时他非常自信地说："保甲之法成，则寇乱息而威势强矣。"但是，新法施行后因民间出现种种抵触行为而缓行。宋神宗始终认为兵制改革是极为必要且关键的，神宗元丰二年，他先从开封府试行"集教法"，即把开封府所属各县的保长集中在一处训练。开封共二千八百名大保长、十一处教场，每十人组成一个单位，由一名禁军教头负责操练，传授他们武艺。待大保长们武艺学成后，又推行团教法，随即将每都保的保丁分为五团，每团分别由大保长担任教头，训练保丁。这些保丁实际上还是属于民兵性质，主要起维护地方治安的作用。

神宗元丰四年，宋神宗又改革河北东路、河北西路、河东路、永兴路、秦凤路等五路的义勇兵为保甲，随即将集教法与团教法推行于上述地区。又经一年多的严格训练，共有六十九万名保丁掌握武艺。训练好的保丁在战时就可选调上战场，保证部队的战斗力。

与此同时，宋神宗还对王安石推行的"保马法"进行修正更改。新法规定，居住在城镇的坊郭户家产达三千缗、乡村户家产达五千缗者，必须养马一匹。若家产超过规定标准一倍的，则增养一匹马，但最多只可养三匹马。这一新法被称作"户马法"。

"户马法"主要在开封、京东路、京西路、河北路、河东路、陕西路等地区推行，目标仍是通过民间养马来扩大官马来源，为军队提供更多马匹。

宋神宗强化军兵保甲的措施，目的在于实现他的强兵梦想，他不赞成朝廷对辽与西夏的妥协退让，倾向于以强硬的态度对付虎视眈眈的邻邦，并立志要统一中国。扩军主要是为了应对辽、西夏，同时也是为了镇压各地的武装反抗，巩固赵氏王朝的统治。神宗元丰年间，宋军主力部队禁军数量得到扩充，总人数增加到六十一万。

神宗元丰四年，西夏皇室内乱，梁太后幽禁皇帝秉常，西夏不少部落拥兵自固。宋神宗以为机会难得，决定于七月出兵五路伐夏，准备一举收复灵武。其中，以熙河经制李宪任主帅，统领熙秦七军加上吐蕃的雇佣兵共三万出熙河；王中正领兵六万出麟州（今陕西省神木市）；种谔率九万余人出绥德；高太后的叔父高遵裕率兵近九万出环庆；刘昌祚统兵五万出泾原。这五路人马中，有两路统帅

（李宪和王中正）是内侍宦官，既不懂军事又没作战经验。大军出发前，"熙河开边"的功臣王韶听说宋神宗兴兵远征，力劝不要无事生非，宋神宗十分恼怒，降王韶职。王韶忧愤难抑，于六月病逝。

大宋五路大军围灵州城，连攻十八日不能下，因深入夏地，补给线太长，又因夏人采取坚壁清野战术，使大宋各军粮草不济、冻馁死伤无数，各军先后溃退，无功而返。但宋神宗不甘心，神宗元丰五年（1082年），又听从给事中徐禧之计，筑永乐城，谋划攻占西夏横山地区，进逼西夏都城兴庆府（今宁夏回族自治区银川市）。但西夏弃兴庆府而不顾，发兵三十万围攻大宋永乐城，几日城陷，徐禧狂谋轻敌，以至全军覆没。宋神宗闻永乐城陷，"早朝，对辅臣恸哭"。

宋军两战皆败，损失军兵、民夫及助战的羌兵数十万人。宋神宗后悔至极，不再轻言用兵，也无意于西讨北伐了。至此，宋神宗希望攻夏雪耻，节省"岁赐"的计划彻底破产。

远在江宁的王安石闻讯，遥望京城，伤心不已，也陪宋神宗痛哭一场。王安石之所以痛哭，是因他的强军梦彻底破灭，也因宋神宗急于功成不愿听取他隐忍待机的缓图之策，结果一败涂地。更重要的是，宋神宗的改革信心再次受到沉重打击，对收复失地变得畏缩起来，对新法也心灰意冷。

尽管王安石现在远离朝堂，不问政事，但当前的时局毕竟是他变法后产生的结果。从某种意义上说，宋神宗的胜利就是王安石的胜利，宋神宗的失败就是王安石的失败。这一切犹如千斤巨石压在王安石的心头。他不敢想象，若政局一再朝着更坏的方向发展，该如何面对天下百姓，又有何颜面存活于世，他的本心是为民谋福，而今却极有可能变成为人不齿的千古罪人，这一反差令他绝望。

从此，王安石再无歌颂改革的激情，也从此开始，王安石真正退出官场，只保留"荆国公"的封号。他那叱咤风云的时代彻底画上了句号，只是这个句号并不圆满。他对世态已经看得颇为透彻，过去身居高位之时，并不欣喜；如今隐退山林，也无怨恨。他深知富贵与祸患相伴，贪恋者必受其害。正如他在《食黍行》一诗。

食黍行

周公兄弟相杀戮，李斯父子夷三族。
富贵常多患祸婴，贫贱亦复难为情。
身随衣食南与北，至亲安能常在侧。
谓言黍熟同一炊，欻见陇上黄离离。
游人中道忽不返，从此食黍还心悲。

他以周公、李斯两个富贵至极的人为例，说明富贵不足依恋。然而，贫贱同样使人难为情，无法使兄弟父子常相见。为了衣食生存，南北奔走的人哪能经常守在亲人身边？兄弟离散多年，以致阴阳相隔，食黍之时不禁想到陇上黄土隔离人世，令人心生悲凉。

对田野生活的向往使王安石始终不乐富贵，他屡屡力辞相位虽有多方面的原因，但期望按照自己的意愿生活是其中重要原因。至此，那个"天变不足畏，祖宗不足法，人言不足恤"的勇士淡出朝野。

青山扪虱坐，黄鸟挟书眠

王安石为相上朝时，曾发生虱子由领口"直缘其须上"的情形，于是有了"屡游相须，曾经御览"的笑话。"扪虱"这种看似极不洁、极不雅的动作，被王安石放入生平得意之作"青山扪虱坐，黄鸟挟书眠"中，人们从中看到的是王安石的生活态度，甚至他的人生境界。

王安石摆脱了让他厌倦的政治旋涡，更让他可以用一颗平常心来看待周围的一切。神宗元丰四年之后，王安石将大部分时间和心思都花在他的半山园里，并自号"半山居士"。他每年都对园子进行修整，发现做这项工作能够让他忘却之前从政的种种不如意和丧子之痛，于是渐渐爱上了这项工作。他觉得设计园林确实要比治理国家简单容易得多，而且他可以自行决定在哪建屋、在哪种树，这样的自由正是他所向往的。

这一年，半山园已修建得很完美了，他为营居半山园而赋诗一首，诗题为《示元度·营居半山园作》。

示元度·营居半山园作

今年钟山南，随分作园囿。凿池构吾庐，碧水寒可漱。

沟西雇丁壮，担土为培塿。扶疏三百株，莳棣最高茂。

不求鹓雏实，但取易成就。中空一丈地，斩木令结构。

五楸东都来，劚以绕檐溜。老来厌世语，深卧塞门窦。

渎鱼与之游，喂鸟见如旧。独当邀之子，商略终宇宙。

更待春日长，黄鹂弄清昼。

此诗详细描述了修半山园的经过。大意为，自己在钟山南面营居半山园，雇人建屋修池、开沟引水、种植树木，装饰上不求奢华，只求有一处栖身之所。半山园虽简陋，却温馨舒适，他非常满意。

神宗元丰五年，王安石送弟弟王安礼赴京任尚书左丞，临别时写了一首《送和甫至龙安微雨因寄吴氏女子》。

送和甫至龙安微雨因寄吴氏女子

荒烟凉雨助人悲，泪染衣巾不自知。

除却春风沙际绿，一如看汝过江时。

从神宗熙宁九年罢相返江宁至此时，王安石已七年未与长女相见。此番送弟，触景生情，思念远方女儿的心情更甚，王安石饱含深情，融情入景，写下这首七绝寄予她，表达了父女之间的骨肉之情。

王安石的园子越修越别致，他写了许多诗描写半山园，流露自己的喜爱与自适情怀。神宗元丰六年（1083 年），他写了一首《半山春晚即事》。

半山春晚即事

春风取花去，酬我以清阴。

翳翳陂路静，交交园屋深。

床敷每小息，杖屦或幽寻。

惟有北山鸟，经过遗好音。

这首诗描写了半山园中的暮春之景，表现了王安石隐退生活的一个侧面，同时抒发他淡淡的忧愁。此诗描摹春色的变化，展示了一幅绿肥红瘦的画卷。此时的北山，除了王安石独步寻幽外，杳无人迹，只有声声鸟鸣慰其岑寂。他在平夷冲淡的外表下，怀孤往之意、叹举世无人相知。但从另一角度，亦可理解为：春风虽将百花带走了，但留下清凉的绿荫。树荫下的湖岸小路曲径蜿蜒，草木覆盖交叉的园林非常深沉，若将床铺安置在此稍事休息，岂不是能尽享清幽恬静？再拄着拐杖去寻幽探胜，将别有一番意趣。那山林中的小鸟飞来，路经此处，留下那么动听的啼鸣。可见一首诗的意境，往往取决于吟咏者的心态。

又一年早春，寒风凛冽，残雪未消，万物萧条。清溪边的半山园显得格外冷清。王安石与友人不能出门，便作诗唱和，他写了《与微之同赋梅花得香字三首》。

与微之同赋梅花得香字三首·其三

浅浅池塘短短墙，年年为尔惜流芳。

向人自有无言意，倾国天教抵死香。

须袅黄金危欲堕，蒂团红蜡巧能装。

婵娟一种如冰雪，依倚春风笑野棠。

这首七言律诗将梅花比作冰雪，为梅花赋予人的情态，生动形象地描写梅花不惧寒冷、迎接春天的孤傲姿态，表达王安石对梅花的喜爱之情以及他高洁无畏的内心。

王安石一直都很仰慕陶渊明，在诗中经常提起他，或使用有关他的典故，或袭用他的诗句。王安石还模仿陶渊明对在门前植柳数株，并赋诗《春日晚行》咏之。他在诗中记述了暮春时节的所见所感，展现他在经历尘世的喧嚣之后，一心向往着在隐逸避世的生活中求得心灵的宁静，试图做一个真正的隐士。

半山园及周边的环境让王安石体验到清幽、雅静、空灵，俗身与自然融为一体的深切感受。在半山园一段时间后，他又在清溪边引水作"小港"，叠石为桥。平日里，他吟诗作画，读书交友，若排遣孤寂苦闷，则随时乘舟往江宁城或是钟山。此时，他才真正得以逍遥自在，还集句填《菩萨蛮·数家茅屋闲临水》一首。

菩萨蛮·数家茅屋闲临水

数家茅屋闲临水。单衫短帽垂杨里。今日是何朝，看予度石桥。

梢梢新月偃，午醉醒来晚。何物最关情，黄鹂三两声。

在这样清幽的环境里，何物最令人动情？是那深藏在树丛里的黄鹂鸟叫唤的两三声。此词既描绘美丽如画的湖光山色，叙写闲适生活与故作放达的情怀，又体现无法彻底超脱、放下我执的彷徨。

王安石的半山居素雅、静谧。围绕着这一院落，他写下许多千古传世之作。一首《浣溪沙》便足以让人情动于衷，感怀至深。

浣溪沙

百亩中庭半是苔，门前白道水萦回。爱闲能有几人来？

小院回廊春寂寂，山桃溪杏两三栽。为谁零落为谁开？

王安石在半山园中过着远离政治、远离尘嚣的田园生活，整日自娱自乐、读书写字，内心的悲痛渐渐得以平复。他所居庭院有百亩之大，长满青苔，门前铺满洁白的细沙，清澈的小溪流淌着，主人乐得悠闲自在，很少出门，家中也少有人来访。另一方面，表现出他淡出官场之后归隐生活的冷清寂寞。

王安石沉醉于小园之乐的同时，亦常常在江宁城周边游览，过着闲云野鹤般的生活。出游时，他从不在意天气情况，无论风雨晴晦，还是冰雪酷暑。或骑马而行，或骑驴而行，随行带一侍童，背上一摞书册。

他辞相回江宁时，宋神宗看他年老体衰，就送了一匹马给他。因马匹高大疾行，他自己又买了一头驴。出行之时，他或骑马，或骑驴，但从不坐轿。有一些好心人劝他说："你年纪这么大了，骑马骑驴既不安稳又不安全，简直活受罪，还不如坐轿安适呢！"王安石则答道："坐轿好比拿人当牲口，还是不坐的好啊！"未久，宋神宗赐的马病死，他只得骑驴代步，又雇了个牵驴之人。

据说，有一次王安石出游，行至一个小镇上，想找脚力，便到一户人家去雇。他刚说明来意，主人便连连摆手说："自从'拗相公'当权，强行新法，百姓四处逃散，连饭都吃不饱，谁家还养得起骡马？"王安石的书童问道："老乡说的那位'拗相公'是何人？"主人道："他叫王安石。听人说他长着一双白眼睛，真是恶人有恶相。"王安石听了一语不发，转身朝外走去。这是他最怕听到的，也是最不愿想起的伤心事。王安石出游时总是隐姓埋名，人们看到的只是一个须发苍苍、瘦骨嶙峋的老人。

半山园北面不远处有一个隆起的高坡，人称"谢公墩"。据说，这是东晋名士谢安的故宅基地遗址，因地势较高，平地突起像骨堆，又曾是名人所居之地，所以被当地人视作福地。王安石经常去谢公墩，静静地坐在土墩上，摩挲着满生苍苔的石头，悠然远想。一次，他就心生感怀而作《谢公墩》。

谢公墩

走马白下门，投鞭谢公墩。昔人不可见，故物尚或存。

问樵樵不知，问牧牧不言。摩挲苍苔石，点检屐齿痕。

想此纽长缠，想此倚短辕。想此玩云月，狼籍盘与樽。

井迳亦已没，漫然禾黍村。摧藏羊昙骨，放浪李白魂。

亦已同山丘，缅怀苘兰荪。小草戏陈迹，甘棠咏遗恩。

万事付鬼篆，耻荣何足论。天机自开阖，人理孰畔援。

公色无惧喜，倪知祸福根。涕泪对桓伊，暮年无乃昏。

王安石为何掉眼泪？或许是因谢安被猜忌时，听桓伊弹筝，高唱曹植诗句"为臣良独难"，曾感慨万分、热泪纵横之故。王安石从谢安的事迹和境遇中，联想到自己变法失败，与谢安有相似遭遇，甚至名字都相同，从而传达出他在退居半山园时心境之凄凉。

王安石乐山好水，写下不少怀古咏史、即事感怀和吟咏山水的佳作，如《题舫子》《载酒》《江上》等。

题舫子

爱此江边好，留连至日斜。

眠分黄犊草，坐占白鸥沙。

王安石将自己融入诗中，写他占得一块草地，正在欣赏眼前的落日美景，黄犊、白鸥却打破了宁静的画面。此诗诗意浅显，出语平常，却"简而妙"。不仅利用鲜明的颜色形成精致的对仗，使语句协调，而且使人们根据诗意展开想象，在眼前浮现出一幅清新淡雅的动态图画。

载酒

载酒欲寻江上舟，出门无路水交流。

黄昏独倚春风立，看却花开触地愁。

此诗写本想载酒泛舟，无奈门前溪水纵横，无路通行，只能徒倚春风中，看落花随风飘飞，蓦然引起无限愁思。此诗同样用语浅显，却颇有韵味，情景含蓄而蕴意深远。

江上

江北秋阴一半开，晚云含雨却低回。

青山缭绕疑无路，忽见千帆隐映来。

此诗写泛舟江上所见的景物，从天写到地，由云雨、青山、点点白帆构成一幅廓远空明的画面，是一首脍炙人口的七绝。虽只有短短四句，却写得一波三折。秋阴天暗，放眼远望，视线虽然被"青山缭绕疑无路"阻隔，却又在"忽见千帆隐映来"中变得开阔。这似乎是在阐述一个哲理：驱逐阴暗，便能开通千帆竞渡的眼界，这正是王安石通过山光水色的变化体验到的人生哲学，或者说是政治哲学。因此，此诗是以富有辨证意味的思理取胜。

从王安石晚期诗作中，不仅可以感受到他当年的万丈豪情悄然而逝，还能体会出他在创作风格上的显著变化。在山水行吟、自述咏怀、交游赠答、题品书画、咏物参禅这类题材的作品中，都表现出状景真切、语言凝练、意象生动优美、意境幽邃深婉的晚期创作特色。

王安石从九重宸阙的丹墀前来到这水边桥畔的小舟里，对于这种遭际的变化，他采取安然自适的态度。比如他的《即事》一诗。

即事

径暖草如积，山晴花更繁。

纵横一川水，高下数家村。

静憩鸡鸣午，荒寻犬吠昏。

归来向人说，疑是武陵源。

此诗以暖草繁花为背景，构成一幅和谐匀称的画面：一道河水曲折流过，村中高高低低地散布着几户人家，鸡犬相闻，静谧而祥和，好似武陵仙境。

他的写景之作较典型的还有《悟真院》，也是气格高妙。

悟真院

野水纵横漱屋除，午窗残梦鸟相呼。

春风日日吹香草，山北山南路欲无。

王安石作为宋朝的宰相，此时虽已退出政治舞台，但仍乐观自信，可见他襟怀之宽广。但他在诗中的用语却不似从前那样直爽豪迈，已变得情韵深婉。

再如这首《北山》。

北山

北山输绿涨横陂，直堑回塘滟滟时。

细数落花因坐久，缓寻芳草得归迟。

这首诗营造出悠闲的意境，抒写诗人神离尘寰、心无挂碍的超脱情怀。诗的末句自叹并无超众之才，这自然是聊以解嘲的自谦之论。恬然的田园生活，使王安石的山水诗诗风更显露出陶渊明式风格。此时，他所作的诗歌多为淡泊的短章，自由宁静的气氛于言外可见，极富韵味。他从倾向于改造世俗世界转向追求个体生命的价值，个人的自由在他心中变得更加重要。再来吟咏他的《怀古二首》，更能感受到他对桃源生活的向往。

怀古二首

其一

日密畏前境，渊明欣故园。

那知饭不赐，所喜菊犹存。

亦有床座好，但无车马喧。

谁为吾侍者，稚子候柴门。

其二

长者一床室，先生三径园。

非无饭满钵，亦有酒盈樽。

不起华边坐，常开柳际门。

漫知谈实相，欲辩已忘言。

这两首诗作读起来清新淡雅，悠然自得。经过大风大浪的王安石，回归大自然，享受着自然赋予的宁静与安闲。日子虽过得朴素、简单，但对已看透世间一切的王安石而言，未尝不是怡然自得的幸福。

王安石晚期的诗词作品，无论是写景叙事还是咏物怀古，都显得简洁自然、清新流畅，似乎在不经意地吟咏，细看却是淡而有味，从布局谋篇到遣词造句都颇具匠心。且看他的《钟山即事》一诗。

钟山即事

涧水无声绕竹流，竹西花草弄春柔。

茅檐相对坐终日，一鸟不鸣山更幽。

这首诗描写空灵娴静的环境与心境。王安石晚年退居钟山内心宁静淡泊，又具雅致情怀，静到极处的自然在他眼中是有声有色、生机盎然的。然而，细细品味则不难体会出字里行间蕴含着的孤独、寂寞和政治上的失意，一向直白的王安石变得含蓄起来。

再如他的《千秋岁引》一词。

千秋岁引

别馆寒砧，孤城画角，一派秋声入寥廓。东归燕从海上去，南来雁向沙头落。楚台风，庾楼月，宛如昨。

无奈被些名利缚，无奈被他情担阁！可惜风流总闲却！当初漫留华表语，而今误我秦楼约。梦阑时，酒醒后，思量着。

此词写秋景以抒愁情，王安石剖白自己为名利世情所束缚，而虚掷过多少欢乐，深感后悔，表露出他对政治的厌倦。此词被当作他晚期代表作之一列入《钦定词谱》，不仅表现出王安石硬汉多情的一面，情感真挚、悱恻感人，而且在写作手法和语言运用上，也大有突破，语调凄哀清婉，手法空灵曲折。

王安石晚期诗词写物咏怀，意境空阔苍茫、形象淡远纯朴，营造出一个士大夫文人特有的情致世界。如《伤春怨·雨打江南树》《岁晚》《渔家傲》《南乡子》等。且作一番浅析。

写惜春，如《伤春怨·雨打江南树》。

伤春怨·雨打江南树

雨打江南树。一夜花开无数。绿叶渐成阴，下有游人归路。

与君相逢处。不道春将暮。把酒祝东风，且莫恁、匆匆去。

此词为王安石梦中所见。细雨飘打着静默在烟雨江南的树枝，在春雨的滋润下，一夜之间，百花盛开，万紫千红的春天来到了。这首词表现出王安石对春景的喜爱之情。然而，春将暮，无可奈何，他只好将希望寄托于东风。他端着酒杯，向东风祈祷：东风呀，你继续吹吧，不要匆匆而去。他知道，只要东风浩荡，春意便不会阑珊。词中不难见王安石的惜春之情及留春之意。

王安石写珍惜时光的诗歌，如《岁晚》。

岁晚

月映林塘淡，风含笑语凉。

俯窥怜绿净，小立伫幽香。

携幼寻新的，扶衰坐野航。

延缘久未已，岁晚惜流光。

此诗写王安石于年终时节出游观水赏花，为清丽幽远的景色吸引而流连忘返。全诗洋溢着他对生活的热爱之情。

王安石追寻超脱心境的诗词较典型，如《渔家傲·其二》。

渔家傲·其二

平岸小桥千嶂抱，柔蓝一水萦花草，茅屋数间窗窈窕。尘不到，时时自有春风扫。

午枕觉来闻语鸟，欹眠似听朝鸡早，忽忆故人今总老。贪梦好，茫然忘却邯郸道。

此词上阕描绘了一幅山水环抱、花草簇拥的清幽隐居图景，下阕描绘在这片山水中生活的情趣和体验。以景起，以情结，通篇散发出一种纯净脱俗的美。末句"茫然忘却邯郸道"，表达王安石忘却功名利禄、坚守恬淡平静的内心追求。而且，此词在艺术的锤炼上比他早期作品更为成熟，素洁平易而又含蓄深沉。

另外，王安石还创作了感悟人生易老的诗词，如《南乡子·其二》。

南乡子·其二

自古帝王州，郁郁葱葱佳气浮。四百年来成一梦，堪愁。晋代衣冠成古丘。

绕水恣行游。上尽层城更上楼。往事悠悠君莫问，回头。槛外长江空自流。

金陵是帝王州，一片郁郁葱葱的王气旺盛之地，有"六朝古都"之称。但历史是无情的，就像东流之水，任何王朝都不可能立万世于天下。这首词在表达昔盛今衰之感的同时，将王安石非常复杂的心境也暗含于字里行间，极具感染力和表现力。

第九章

魂归江宁，千古英灵难评说

在半山园隐居期间，王安石潜心于佛法修行，他与多位高僧大德研讨禅修，期望达到自性之明。周边幽静闲适的自然环境常给他带去灵感，抚慰他内心的孤独与落寞。在此期间，多位故交来此探望，给予他慰藉，尤其是他与苏轼"一笑泯恩仇"的佳话，传诵至今。

云从无心来，还向无心去

王安石与佛教结缘甚早，年轻时就结交许多高僧大德。任江宁知府期间，与兴国寺觉海禅师交往频繁，据说他们还结为兄弟。觉海外表木讷而内隐慧珠，王安石升为宰相后，觉海因避结交权贵之嫌，有意疏远王安石。待王安石第二次辞相归隐，两人又开始密切往来。

神宗元丰四年深秋，王安石夜宿山南兴国寺，做了一个奇怪的梦，梦醒后，便作了一首《记梦》，并附小序。

记梦

辛酉九月二十二夜，梦高邮土山道人赴蒋山北集云峰为长老，已而坐化。复出山南兴国寺，与余同卧一榻。探怀出片竹数寸，上绕生丝，属余藏之。余弃弗取，作诗与之。

> 月入千江体不分，道人非复世间人。
> 钟山南北安禅地，香火他时共两身。

此诗蕴意深奥，字面上是说世间如梦如幻，令人捉摸不透，因此应常怀无所求之心，懂得取舍。而细品此诗，其实是智者对人生的大彻悟。人生苦短，世事如梦。无论是伟人还是凡夫，终不免一死；无论是功成名就还是平庸一生，终难逃悲剧。往日的恩怨情仇早已成为过眼云烟，此时的王安石已无任何牵挂和负担，他完全可以按照自己的意愿生活。他醉心于佛法世界，却不愿意遁入佛门。

神宗元丰五年秋，王安石又骑驴往城东郊的钟山游玩。因欣赏风景入迷忘了时间，到日落时分，一位禅师担心他天黑后下山有危险，劝他入定林寺听禅，在寺内借住一宿，次日再下山。次日一早，他便写下一首五言律诗《游北山》。

游北山

揽辔出东城，登临目暂明。
烟云藏古意，猿鹤弄秋声。
客坐苔纹滑，僧眠樾荫清。
赏心殊未已，山日下西荣。

此诗以轻倩之笔写淡远之思，表达了追求空灵的超然情感，意境风格深蕴佛门妙道，在有意无意之间，透露出大自然无处不在的禅机。王安石对参禅越发有兴趣。

钟山上有很多寺庙，几乎每一座寺庙都留有王安石的踪迹，而他常去的则是兴国寺、定林寺、恒真院净妙寺和法云寺。他每去一处寺院就与高僧谈论佛法修行，屡有感悟。如登兴国寺楼后，写了《兴国寺》一诗。

兴国寺

松篁不动翠相重，日射流尘四散红。

地上行人愁暍死，那知高处有清风。

到法云寺，他留下诗作《过法云寺》。

过法云寺

路过潮沟八九盘，招提雪脊隐云端。

金钿一一花总老，翠被重重山更寒。

到西庵，他作了《自定林过西庵》一诗。

自定林过西庵

午鸡声不到禅林，柏子烟中静拥衾。

忽忆西岩道人语，杖藜乘兴得幽寻。

出游至京口访宝觉禅师，他也作了《归庵》一诗。

归庵

稻畦藏水绿秧齐，松鬣初干尚有泥。

纵蹇寻冈归独卧，东庵残梦午时鸡。

在众多寺庙中，定林寺离王安石的半山园最近，也是他去的次数最多、赋诗也多的一个寺庙。

定林

漱甘凉病齿，坐旷息烦襟。

因脱水边屦，就敷岩上衾。

但留云对宿，仍值月相寻。

真乐非无寄，悲虫亦好音。

    此诗即兴记事，信笔写成，展现了王安石退归后的生活情形及精神上物我两忘的境界。尾联两句抒写自己旷达的胸怀和清净雅好，极富理趣，堪称千古佳作。

    王安石深爱钟山景色，也乐于与僧师们谈佛论禅，诗中时常出现机锋妙语，是王安石的智慧与通达的写照。他喜欢欣赏钟山那萦绕不散的云雾。有时整个钟山都笼罩在茫茫云雾中，朝阳从东方升起，光芒透过树林洒下片片金色，从半山园向山谷望去，云雾在山谷轻轻地飘浮，仿佛只要踏着云雾就可以走向遥远的地方。一日，他站在园中的土墩上，看着山间的浮云，写下两首禅意深远的诗《即事二首》。

即事二首

云从钟山起，却入钟山去。

借问山中人，云今在何处。

云从无心来，还向无心去。

无心无处寻，莫觅无心处。

    这两首诗是王安石晚年醉心于佛学、修炼禅宗的体悟，清谈而虚幻，读之仿佛穿行在山光雾影之中。他引禅入诗，其中富含人生哲理。

    王安石淡出官场，现实迫使他不得不正视这个世界，正视的结果让他感到无奈和无助。身心俱疲的他太需要精神寄托来抚慰自己孤寂的灵魂，而佛教正好充当了这一角色，于是王安石便潜心悟禅。

在他最后几年的诗词创作中，禅意随处可见。其中《拟寒山拾得二十首》《示宝觉二首》《寓言三首》最具代表性。

拟寒山拾得二十首·其二

我曾为牛马，见草豆欢喜。

又曾为女人，欢喜见男子。

我若真是我，只合长如此。

若好恶不定，应知为物使。

堂堂大丈夫，莫认物为己。

此诗末两句最是振聋发聩，即为禅意，全靠人的悟性。对于王安石而言，这不仅是他自我安慰或某种程度上的自我欺骗，告诉自己变法是真正有益于百姓的，也是寻求一种超脱现实的精神境界，寄托来世的因缘。但有一点毫无疑问，此时王安石在心里依然经受着出世与入世的纠缠。

拟寒山拾得二十首·其四

风吹瓦堕屋，正打破我头。

瓦亦自破碎，岂但我血流。

我终不嗔渠，此瓦不自由。

众生造众恶，亦有一机抽。

渠不知此机，故自认您尤。

此但可哀怜，劝令真正修。

岂可自迷闷，与渠作冤仇。

王安石对佛教的理解更偏向于"万事皆空"，即出世的一面，如他的《宿北山示行详上人》中有这样的诗句："是身犹梦幻，何物可攀缘。坐对青灯落，松风咽夜泉。"在《示宝觉二首·其二》中写道："重将坏色染衣裙，共卧钟山一坞云。客舍黄粱今始熟，鸟残红柿昔曾分。"在《春日即事》中也曾写道："细思扰扰梦中事，何用悠悠身后名。"

王安石深受儒家思想影响，是一个性格坚强的人，不轻易流露悲伤、失意的消极情感。后因学佛，他深谙人生如梦幻之理，深知当进则进、当退则退的人生哲理。因此，他虽热衷于佛法，却从未有过皈依之心。

无动

> 无动行善行，无明流有流。
> 种种生住灭，念念闻思修。
> 终不与法缚，亦不着僧裘。

佛法讲究清净寂灭、超越三世，认为诸法的变换呈现生、住、灭三相。生即产生，灭即结束，本身包含了自我否定、自我消解的一面。世间如梦如幻，如露如电，如镜花水月般不可把握，故应无所求。然而，王安石却认为，不必因信仰佛教而偏向枯寂，应追求一种泯灭荣辱、随缘所适的自由境界。他晚年的诗是如此清淡，没有了当年澎湃的政治情怀和雄心壮志。他相信佛教能引导自己淡化这一切，收敛先前的锋芒，王安石的心境变得超脱淡然，不再为得失而挂怀烦恼。清风、明月、流云、江水、池鱼、山林、寺院等寄托了王安石晚年的所有情感，吟风、赏月、念佛、作诗、著述成为他的生活方式。

王安石与定林寺关系密切，往来频繁，每当兴致一起便忘了回去的时间。寺院住持见他常来常往，不甚方便，便特地腾出几间僧舍供他休息和写字读书。此地竹影婆娑，清溪潺潺，偶有莺啼，让人悠然忘俗。王安石自是乐在其中，心旷神怡，将斋舍取名为"昭文斋"。他还专为斋舍赋诗《定林院昭文斋》。

定林院昭文斋

定林斋后鸣禽散，只有提壶守屋檐。

苦劝道人沽美酒，不应无意引陶潜。

此诗袭用陶渊明诗句，读来让人觉得情景相契，毫无雕饰。王安石在诗中抒写自己的生活情形及精神上物我两忘的境界，极富理趣。

从此，他就经常在这间僧舍里读书、著述、赋诗，或者接待来访的客人。当然，更多时间是诵经参佛，闲话僧房。他读的最多的是《楞严经》和《维摩诘经》。《楞严经》阐述了佛教心性本体论，认为世间一切事物皆是菩提妙明之心，同时也阐明了此法出世的无边法力。《维摩诘经》则阐释解脱出世的途径和法门，是修炼《楞严经》的基础。

不过，在众生中，包括历代高僧在内，很少有人能修炼到《楞严经》所示的那般境界。王安石自然不会有此奢求，他曾作《楞严经解》十卷，也只是为修心而已。王安石晚年的立场是进退各有其利，不分高下，并非一味推崇出世隐居，他以平等的眼光看待入仕与归隐的关系。

渔家傲·其一

灯火已收正月半，山南山北花撩乱。闻说浒亭新水漫，骑款段，穿云入坞寻游伴。

却拂僧床褰素幔，千岩万壑春风暖。一弄松声悲急管，吹梦断，西看窗日犹嫌短。

此词写于神宗元丰年间某个元宵灯节之时。上阕写春花烂漫，在山中游玩之所见，下阕写昼寝山寺，梦醒听松涛之所感。山花生机无限，春风和煦，王安石心闲意静，沉醉其中。他昼寝僧斋，渐入酣梦，然而好梦不长，迅即回到现实，失意之情难以排解。

此次骑驴野游，王安石恬然自若，升沉得失、尧桀是非，仿佛早抛至九霄云外。在野游寻春的足迹与大自然的近距离接触中，王安石得到心灵的恬静，其精神好似受到洗礼，超然尘外，似乎有出世之感。然而，一时的静谧却被四周突然闯入的急切悲凉的松涛声打破，一觉醒来，王安石仍要在世间被俗事所扰。他不可能彻底从纷杂烦扰的人间烟火中走到世外桃源，因为他毕竟也是肉体凡身。

读《维摩经》有感

身如泡沫亦如风，刀割香涂共一空。
宴坐世间观此理，维摩虽病有神通。

王安石在诗中指出，人生不过是地、水、火、风四大和合而成，并无自性，如同泡沫与风，到头来终究空欢喜一场。此诗有很高的艺术成就，体现出他对佛教禅宗独到的见解。他将目光转回山间岚气，追逐眼前云光中的点点金光雾影。这种观赏已经成为王安石晚年的一个习惯，飘浮不定、来无踪迹的浮云，已成为治疗他内心苦闷和灵魂孤独的灵丹妙药。每当他回忆以前的风风雨雨，一阵阵痛苦就会涌上心头。每当此时，他便走出房间，站在山坡上，远望山中云雾，聚精会神地用心灵和目光紧随山中的浮光掠影，仿佛所有的人间烦恼和孤独都会随着这飘浮不定的流云消逝。

而且，王安石以尽读百家之书的广博知识和颖悟超群的觉性，以强烈的批判精神与突出的个性意识，以佛教为基础，融贯诸家、自成一派。他在《寓言二首》中对禅宗的某些弊端也进行了批评。

寓言二首·其一

太虚无实可追寻，叶落松枝谩古今。

若见桃花生圣解，不疑还自有疑心。

在王安石看来，太虚无实、无可追寻，诸法性空、皆同太虚，观物生解、见花悟道，所见恐怕也不是最高境界。所谓不疑，恐怕还是应该心存怀疑的。这是王安石对禅宗大师灵云悟道表示怀疑，这恐怕也正是王安石信佛而不入佛门的根由所在。

岂知禅客夜相投

王安石退隐江宁之初，几乎不与外界来往，就连他的亲戚家人也难得与他见上一面。每日除了读书作诗和写作训诂学著作《字说》外，他在园子里侍弄蔬菜、花草，或者观看池塘里游来游去的鱼儿。园子里的树木枝干上总有许多鸟雀飞来飞去。有时天刚亮就出去，踏着小草，露水濡湿鞋子和裤角，他全然不顾。聆听清晨的鸟鸣声，享受新鲜的空气和温煦的阳光，有时回来得很晚，在落日的余晖中，他似乎有一种梦幻的感觉。

他的好友吕嘉问曾有两次到此处看望他，他们到东山游玩观赏，作诗唱和。吕嘉问离开后，王安石又主动邀请他到半山园中叙旧。他在写给吕嘉问的诗中说道："子来我只乐，子去悲如何。"可见两位老友感情之深。

在半山园和定林寺的书房中，王安石接待了许多来访的好友。俞紫芝、耿天骘、邓铸、蒋之奇等人都曾到半山园拜访他，但他们都心照不宣地很少谈及朝廷之事，王安石也从不去问。他将自己经历的风雨沉淀在内心深处，只与友人叙友朋之情。

神宗元丰六年，年轻画家米芾应宋太宗第六子赵元偓之邀赴金陵就职，正好造访半山园。王安石与米芾初识，却没有丝毫生疏之感，二人品茗笑谈，十分欢悦。年轻的米芾幽默地说："听闻老相公正在编一部《字说》，我曾听人巧借元稹《莺莺传》赋一字谜，久思不得其解，想当面求教。"说罢吟道，"莺莺小姐去上香，香头插在案几上。远看好似张秀才，近看却是一和尚。"

王安石见米芾俏语连篇，先是哈哈大笑，旋即捋捋胡须回道："老夫与此物日日相见，岂会不知。"说罢道出了谜底，二人爽朗大笑。

米芾擅长篆、隶、楷、行、草等多种书体，以强烈的个人风格成为宋代"尚意"书风的代言人。作为书法家，他少不了要与王安石探讨书法。在此次相会以前，他只知王安石是个大政治家、大改革家和大文学家，他佩服王安石的诗，却不知这位大宋朝廷的前宰相也精于丹青笔墨。他以为与王安石谈书法有些唐突，但还是谈及唐末五代时期名噪一时的杨凝式书法。没料想王安石立刻评价说："杨凝式的书法天真烂漫、自由纵逸，可与唐代颜真卿的书法相媲美。"

米芾一听，深表惊讶，对王安石说："荆公在书法方面也是造诣甚深，实在让晚辈佩服。"王安石说："我年少时，曾以杨凝式的书法为范本，练习过一些时日。因此，也粗通皮毛，然从不为外人所知。"说着，他便拿出平时书法练习的诗词稿递给米芾看，米芾一见，连连称赞道："荆公的书法具有天然真气。"他在《书史》中记录了这次拜访的经过：荆公住处的墙壁上挂着李公麟所画的王安石画像，他与荆公谈论书法，谈起杨凝式的字，评其"天真烂漫，自由纵逸"。米芾自此便知王安石初学书法由杨凝式入手，此后，两人的往来书信皆书此字体。

米芾拜访后不久，王安石的昭文斋又来一位访客，他就是大名鼎鼎的白描大师李公麟。这位大师擅长画马和人物。他画的人物，据说能够从外貌上分辨"廊庙馆阁、山林草野、闾阎臧获、台舆皂隶"等社会各阶层人物的特点，并能分辨地域和种族的具体差异以及动作表情的具体状态。他给王安石画了一幅神态逼真的人物像，这张画像是王安石所有画像中最逼真的。如此一来，王安石的昭文斋就变得比从前更加雅致、有韵味了。为此，他特意作了一首《定林所居》。

定林所居

屋绕湾溪竹绕山，溪山却在白云间。

临溪放艇依山坐，溪鸟山花共我闲。

然而，自吕嘉问和两位大师来访后，王安石就无法"闲"下来了。友人的来访和山水的涤荡也不能彻底解除王安石晚年的孤独和痛苦，离开朝廷政务的纷扰，同时也离开了许多人生中难得的友情和亲情。王安石晚年与外界的交流多在半山园和昭文斋。神宗元丰七年三月十九日，他写了一首七言绝句《送黄吉甫入京题清凉寺壁》。

送黄吉甫入京题清凉寺壁

薰风洲渚济花繁，看上征鞍立寺门。

投老难堪与君别，倚江从此望还辕。

医家黄吉甫是王安石的老友，春夏之交送别友人，难免会有"投老难堪"之感。他终究也是普通人，依然会被离愁别恨烦扰。

是年，他收到长女的省亲诗《寄父》："西风不入小窗纱，秋气应怜我忆家。极目江南千里恨，依前和泪看黄花。"按照常理，女儿的恋亲之情必将使王安石的心肠柔化作片片思女泪，进而设法让身处凄凉痛苦中的女儿回到娘家来叙叙天伦之乐。可王安石看了女儿的诗后，却是这样回复的：

> 秋灯一点映笼纱，好读楞严莫念家。
> 能了诸缘如梦事，世间唯有妙莲花。

他竟然劝女儿在黄卷青灯中了却尘缘。原因很简单：他的长女是丞相吴充的儿媳，吴充之子时为长安县君，而吴充刚于前年，即神宗元丰四年罢相。他担心两个罢相之家再亲密往来会招惹是非，因此无情地拒绝女儿省亲的请求。如此看来，王安石实在被是非纷争所迫害。

没过几天，王安石就病倒了。宋神宗得知消息，专程派人到江宁看望他，并送来治病药物。此外，念及王安石在半山园独居，还令王安石的女婿蔡卞携妻子儿女到金陵来看望。王安石的女儿和女婿就这样带着孩子，来到王安石的住处探视。天伦之乐给年已六十二岁的王安石和他的夫人吴氏带来无穷的愉悦和欢欣。王安石见皇帝还没忘记他，感动得热泪盈眶，病情也好转了许多。

同时，钟山的各大寺庙也送来他们自制的灵丹妙药，尤其是宝觉大师亲自下山探望，令王安石莫名感动，抱病而作《赠宝觉》一诗。

赠宝觉

大师京国旧，兴趣江湖迥。往与惠询辈，一宿金山顶。
怀哉苦留恋，王事有朝请。别来能几时，浮念剧含梗。
今朝忽相见，眸子清炯炯。夜阑接软语，令人发深省。

化城出天半，远色有诸岭。白首对汀洲，犹思理烟艇。

这天傍晚，王安石与宝觉大师正相谈正欢，屋外忽然传来吵嚷声。宝觉大师说："天色将晚，不知是哪位施主还在此吵嚷喧嚣？"

王安石起身细听，吵嚷声是从清溪边传来，来人还未上岸就一个劲地喊"荆公、荆公"。

王安石赶紧拄着拐杖从屋里走出来，看到来人还不少，举着火把，前呼后拥地直奔半山园。人群中有个人很快凑到他的面前，问候道："荆公近日可好？听闻荆公身体抱恙，特来探望。"

王安石透过火把的亮光仔细一看，原来是他的好友殿中侍御史、江淮荆浙发运副使蒋之奇。王安石忙将来客迎进屋内，由于没有足够多的椅子，大家能坐的就坐着，没得坐的就站着。蒋之奇见堂堂国公的居所竟如此简陋，致歉说："下官夜半吃喝吵闹，惊扰了荆公，还望恕罪。"

王安石说："我这简陋小居未曾有过这般热闹，今日也算有一件幸事。不过，这陋室虽足够宽敞，却没有各位落座之处，只好委屈各位暂且将就着坐在草席上参禅打坐了。"

蒋之奇戏谑道："我等是入佛门了，看看这坐禅是何滋味。"

宾客们会心一笑，话题也就落在佛道禅意上。一时间，他们忘却人间、天地和自我，无拘无束。

夜半，蒋之奇起身离开时，王安石特意写了一首诗赠予他，诗题为《戏示蒋颖叔》。

戏示蒋颖叔

扶衰南陌望长楸，灯火如星满地流。

但怪传呼杀风景，岂知禅客夜相投。

蒋之奇并非禅客，但王安石却深感这是他退隐后最快乐也最热闹的一次欢聚。两位政治人物抛开人世间的纷扰之事和政治权斗，用禅宗意旨来陶冶自己的情操，人变得清澈纯真，心灵随之平淡宁静，感情也更显坦诚率真。想必不只王安石，恐怕蒋之奇也无法忘怀这一晚的欢聚吧。

转眼到了盛夏七月，王安石大病渐愈，正想要骑驴出门闲游。就在此时，家仆来报说有客人造访。王安石接过拜帖一看，来客竟是刚被转任汝州知州的老友苏轼。

王安石既有几分惊讶又有几分欣喜，他顾不得其他事情，直接骑驴到江边迎接。苏轼身穿便服来访，两人见面分外亲热，苏轼上前一步，长揖而礼说道："今日我敢以'野服见大丞相'。"王安石笑着说："礼岂为我辈设哉！"这一对原来的"政敌"在江湖之远超越政治藩篱，成为惺惺相惜的好友。

黄州四年后，苏轼来到江宁自然有极特别的意义。昔日的恩怨已无须再提，两人相见甚欢，别有一番滋味。苏轼在江宁逗留数日，王安石与他携手同游金陵的山水名胜。两人谈佛论道，同桌品茗，挥毫泼墨，为文赋诗，优哉游哉。王安石与苏轼同游北山后，作了一首《北山》。

北山

北山输绿涨横陂，直堑回塘滟滟时。
细数落花因坐久，缓寻芳草得归迟。

王安石为这雨后落花飘飘点点的美景所陶醉，两人流连忘返。王安石还情不自禁地请苏轼在金陵买田为宅，两人也好时常见面。苏轼也情难自抑，以《次荆公韵四绝》作答。

次荆公韵四绝·其三

骑驴渺渺入荒陂，想见先生未病时。

劝我试求三亩宅，从公已觉十年迟。

苏轼深情地表达了他的遗憾。好不容易见了面，至少可以短暂相处几天。就在短暂相处的日子里，他们留下不少佳作。

王安石赋诗《池上看金沙花数枝过酴醾架盛开二首》。

池上看金沙花数枝过酴醾架盛开二首·其一

午阴宽占一方苔，映水前年坐看栽。

红蕊似嫌尘染污，青条飞上别枝开。

苏轼则和诗云：

青李扶疏禽自来，清真逸少手亲栽。

深红浅紫从争发，雪白鹅黄也斗开。

此为《次荆公韵四绝》的第一首。苏轼虽仕途坎坷，但学识渊博，诗文书画皆精，和诗丝毫不逊于王安石。此次交往使王安石感到苏轼的确是"不知更几百年，方有如此人物"的奇才。

讴歌归子启，钦念禹功修

神宗元丰七年秋，王安石的身体已经完全康复。但此时的他也已近垂暮之年，觉得自己多年经营的半山园已成累赘。于是，他两次上疏宋神宗，恳请准允将自己筑于钟山半山居的园屋捐献给寺院，以期为子孙积功修德。

乞以所居园屋为僧寺并乞赐额札子

臣幸遭兴运，超拔等夷。知奖眷怜，逮兼父子。戴天负地，感涕难胜。顾迫衰残，縻捐何补？不胜蝼蚁微愿，以臣今所居江宁府上元县园屋为僧寺一所，永远祝延圣寿。我们如蒙矜许，特赐名额，庶昭希旷，荣与一时。仰凭威神，誓报无已。

他在这封札子中，表达出对宋神宗知遇之恩的无限感激，自叹年老体衰，无以为报，唯愿将屋舍一所作为僧寺，祝延圣寿。我们从中还可感受到他受佛教的影响，不知不觉流露出尽人事、听天命的思想。他倾尽所有赠予寺院，既是表达对皇帝的忠心，又是他多年崇尚佛法、对佛教所做的一点贡献。

王安石将半山园宅子捐出为僧寺后，半山园就改名为"半山寺"。他一家则在江宁府城内的秦淮河畔租了一所院子居住。

未久，王安石又将用自己的俸禄与儿子王雱死后的赐银所购置的田产一并捐献给寺院，宋神宗御题"报宁禅寺"，无疑给半山园增加了无限的风光和荣耀。而"报宁"的含意也很微妙，或许是王安石报宋神宗的知遇之恩，或许是报江宁百姓的哺育之恩。他随后还写了一首诗《示报宁长老》。

示报宁长老

白下亭东鸣一牛，山林陂巷净高秋。

新营枣械我檀越，曾悟布毛谁比丘。

王安石借用"悟布毛"的佛语，阐示他对佛法的理解和对人生的领悟。人生如浮云，人一出生就意味着将要走向死亡。王安石早已参透其中的奥秘，只想平静、简单地过完自己的余生。如此举动也表达他旷达的胸襟和对佛教的深厚感情。

神宗元丰八年（1085 年）初，王安石再次病倒。此时衰弱不堪的他更加苍老，浑身瘦得也只剩下皮包骨头，身体每况愈下。在这一年的时间里，他卧床的时间远比行走的时间多，且常常从梦中惊醒。有一天午睡醒来，看见门外春光动人，他一时兴起，作了一首七言绝句《午枕》。

午枕

午枕花前簟欲流，日催红影上帘钩。

窥人鸟唤悠扬梦，隔水山供宛转愁。

此诗以极其清丽的诗笔描摹出日常生活中一个常见场景：午睡初醒时的所见、所感、所思。梦境很美，醒来却平添许多忧愁，但又不知愁从何起。或许只是为展现他心理的复杂变化，或许是有某种不好的预感，整首诗显得空灵飘忽。

就在王安石作这首诗没多久，女婿蔡卞到江宁来探望他，翁婿二人长久倾谈，从文学谈到佛法再谈到政治，王安石的心情渐渐变好。可是，当王安石问到宋神宗的近况时，蔡卞轻描淡写地回答说，皇上已经与群臣议过立嗣之事，可能身体状况欠佳。王安石一听此话便有些着急，他想，皇上年富力强，而皇长子又年幼，为何急于立太子呢？他不由得为宋神宗担忧起来。

蔡卞走后，王安石又托去京城的人打听消息，回报的情况使他更加焦虑难安。去年年底的一次宴会上，宋神宗突然抽搐，打翻了酒杯。这是生病的前兆，在场的官员都料想到皇上大概会生一场大病。是年初，几乎是在王安石生病的同时，宋神宗也卧床不起，无法正常处理朝政。二月，宋神宗病情日趋恶化，愈发严重。三省和枢密院官员到内宫问疾时，宰相王珪请宋神宗早日立延安郡王赵佣为皇太子。宋神宗已不能说话，点头表示同意。王珪又建议让皇太后高氏暂时代理朝政，待宋神宗身体康复后再还政，宋神宗也点头认可，但未在朝堂上颁诏。

赵佣为宋神宗第六子，母亲为德妃朱氏。这一年他刚八岁，既非嫡出，又非长子。但比他大的皇子一个个都夭折了，现在他排行第一。

宋神宗的两个弟弟雍王赵颢和曹王赵頵常去皇宫探望兄长，但这二人并非真心关心兄长。他们表现得非常不安分，显然有窥伺皇权之意。高太后为让孙儿赵佣顺利继位，下旨将两个儿子赵颢和赵頵挡在后宫外，不许他们进入宋神宗寝宫探视。

王安石听到这样的消息，为宋神宗深感痛心。他归隐的这几年，依然常常想起宋神宗。他仁慈，体察民情，恤孤养老；他谦恭，克己复礼，敬畏辅相；他简朴，从不大兴土木，游山玩水；他勤政，总是把朝堂政务放在首位。这样一位好皇帝，正是春秋鼎盛的年纪却将不久于人世，怎不令人悲伤难过？而皇太子又年幼，国家前途未卜，又怎不令人焦心担忧？他知宋神宗自即位以来兢兢业业、励精图治，身体是被累垮的。宋神宗的病虽难以痊愈，但王安石仍然在心中企盼皇帝的身体能够好起来，一直为宋神宗默默祈祷。

神宗元丰八年三月一日，宋神宗弥留之际，经文武百官之请，内宫宣旨"立延安郡王佣为皇太子，改名煦"，由宋神宗的母亲高太后垂帘听政。宋神宗躺在床上，气若游丝，双目紧闭，他眉头紧锁，似乎在回想轰轰烈烈而又匆忙短暂的一生，又似乎在为他的改革失败、梦想破灭而遗憾惋惜。

宋神宗苦苦支撑了几天，于三月五日驾崩于福宁殿，年仅三十七岁。壮志未酬的宋神宗，就这样结束了他那充满传奇的一生。年幼的太子赵煦即位，是为宋哲宗，改元为"元祐"。

王安石听到宋神宗驾崩的消息，顷刻间老泪纵横。他将自己关在屋子里，在巨大的悲痛中难以自拔。几天后，从痛苦中缓过神来的王安石恭恭敬敬地写下了《神宗皇帝挽辞二首》。

神宗皇帝挽辞二首

将圣由天纵，成能与鬼谋。
聪明初四达，俊乂尽旁求。
一变前无古，三登岁有秋。
讴歌归子启，钦念禹功修。

城阙宫车转，山林隧路归。

苍梧云未远，姑射露先晞。

玉暗蛟龙蛰，金寒雁鹜飞。

老臣他日泪，湖海想遗衣。

挽词中，王安石颂扬了宋神宗前无古人后无来者的变法举措以及其取得的非凡成就，表达了他对宋神宗深切的悼念之情。宋神宗的逝世，对王安石而言，不仅是失去一位贤明君主，还失去一生难求的知音。他的眼泪包含着惋惜与痛苦，诗中流露出的情感真挚感人，催人泪下。

此后，王安石的身体越来越糟糕，视力也越来越差。坐在室外看书或仰望天空，时间一久，眼泪便会从他那昏花的老眼中流下。不久，他又卧倒在病床上。

赵煦即位时年仅九岁，由太皇太后高氏垂帘，实为太皇太后做了孙子的主心骨。高太后一向对新党不满，在政治上极为盲目和固执，捕风捉影，对整个新党集团进行斩草除根式的清算。将旧党司马光、范纯仁和韩维誉为"三贤"，而将新党的蔡确、章惇和韩缜斥为"三奸"。对哲宗元祐元年（1086 年）被司马光斥逐的新党人员章惇、韩缜、李清臣和张商英等人进行一贬再贬的同时，又将在朝的新党，如李德刍、吴安诗和蒲宗孟等人降官贬斥。并任用吕公著、范纯仁、苏轼和范祖禹等人担任赵煦的侍读大臣，教育赵煦成为恪守祖宗法度、通晓经义的皇帝。

司马光入值中枢后，尽废新法，苏轼、范纯仁等人都说不可尽废，以免再度扰乱百姓生活秩序，但司马光却执意而行，"熙宁变法"以司马光的"元祐更化"结束。

史书记载，王安石退居金陵时，"闻朝廷变其法，夷然不以为意；及闻罢助役，复差役，愕然失声曰：'亦罢及此乎？'良久曰：'此法终不可罢也。'"哲宗元祐元年二月，朝廷罢"青苗法"。到了三月，范纯仁以国用不足，请复之。八月，司马光奏称"散青苗本为利民"。其实，司马光最后也承认"青苗法"是利国利民的，可虽承认，也终究于事无补。

新法废除，旧法一一恢复，给当时的北宋带来极大的灾难，造成土地兼并现象继续急剧发展，官户、地主更加依仗权势，贪赃枉法、公开掠夺、经商走私、诡名挟佃、影庇税户，导致国税流失和阶级关系紧张，农民造反与士兵暴动此起彼伏。"元祐更化"深刻影响到整个社会的发展，对当时北宋的政治、经济、军事等方面都造成不可估量的沉重打击。

病中的王安石听闻其利国利民的免役法也遭到无端废除，不胜怆然。他在一封家书中凄凉写道："予老病笃，皮肉皆消。为国忧者，新法变更尽矣！"朝廷的变故给了王安石雪上加霜的打击，他的病情又加重几分。

哲宗元祐元年春，病床上的王安石见外面久雨初晴，阳光明媚，真想去看看外面的山水花草，却无力起身。他料知自己将不久于人世，强撑着身体，写下一首名为《新花》的诗。

新花

老年少忻豫，况复病在床。

汲水置新花，取慰此流芳。

流芳只须臾，我亦岂久长。

新花与故吾，已矣两可忘。

王安石想栽新花，证明生命的存在，可又立即想到花其实与人一样，虽然芳香怡人，但终究是短暂、弱小的，他的心中充满了无限惆怅与伤感。他深知自己付诸毕生精力投入的事业将随着先帝的离去毁于一旦。他悲叹皇帝早逝，遗憾自己的事业，担忧大宋的国祚。然而，人生短暂，自己在不久的将来就会像这花一样，悄然逝去，人的最终归属不过是那不起眼的一抔黄土。从诗中可以看出王安石此时悲凉的心境。

变法失败使王安石的病情急剧加重。在秦淮河边租住的小屋中，弥留之际的王安石仍盼望着新法重新实施，好让人们多留几担粮，让国家变得富强，使得辽与西夏不敢觊觎大宋王朝。然而，他未能等到这样的消息。四月初六，王安石带着无限的遗憾永远地闭上了双眼。

人们不想让王安石死得这么悄无声息，便演绎出不少精彩故事。据野史记载，王安石临死的前一天，在野外骑驴独行，他看见一位农妇向他递交诉状就消失不见了。回到家后，一摸衣袋，那份诉状也无影无踪，但他确切记得当时是很认真地接过来放好的。后来越想越怕，次日，他便在恍惚和惊吓中归天了。